精益制造010

采购管理

图解生产实务

図解でわかる生産の実務

購買管理

[日] 鬼泽正一 著　　郑振勇 译

人民东方出版传媒
People's Oriental Publishing & Media
東方出版社
The Oriental Press

目录

前言

~采购员是怎样一类人呢？~

采购员是怎样一类人呢？

诚然，他们不能一概而论。虽然始终以笔者的印象叙述，但是由于各种因素千差万别，比如所处行业、经验年限、地位、天资和性格等迥然不同，因而使得采购员形色各异。尽管如此，事实上很多人依然抱着固有理念不放，认为“采购员一般都是这样的”。恐怕他们的特点易于表现在其职业特色、把握的能力、心理状态等方面吧。

①沟通能力之低出乎意料

采购员的特点之一，是“沟通能力低下”，这真出人意料。好多人都认为，采购员整天与供应商（供货企业）的业务员打交道，经过不断磨炼，沟通能力一定很强。但事实上，几乎所有采购员，都在凭借自己的有利地位做事。在这种环境当中，沟通能力并没得到锻炼。对方业务员大多都是“老江湖”，即便采购员的表现能力有些稚嫩，他们也能够充分理解其意图，所以采购员的沟通能力一般不会有什么长进。

②抗应激反应

采购员的特点之二，是抗应激反应。采购员整天置身于同公司内外有关人员的冲突（纠纷）中，诸如满足严格的交货期要求、完成削减成本的指标等。于是，就渐渐地变成了抗应激反应的人。换言之，可以说过于拘泥小节的人，不适合当采购员。不过，这并不是说大大咧咧就好。很多优秀的采购员，对于应当缜密处理的事情，都会一丝不苟，而对于大致上能过得去就行的事情，都不太爱较真儿（当然，如果耽误了这类事情，也会酿成大祸，所以前提条件就是充分了解应该把重心放在何处）。

③内弱外强

采购员的特点之三，是“内（公司内部）弱外（供应商）强”。

具体来说，他们有这样一种倾向，即对公司设计部门、会计部门和法务部门的员工态度软弱，而对供应商的业务员却态度强硬。

采购员要想对设计人员和法务人员陈述意见，就得从对等或者上级的角度提出自己的观点，然而这样做可没那么简单。这是因为，如果没有一定程度工程技术和法律方面的知识，就无法让对方替你做事。

但另一方面，即便采购员提出无礼要求，供应商的业务员也会用业务政策上如何如何来搪塞，这种情况现实当中已司空见惯。

人总是希望能够站在强势的立场上讲话，在选择这种做事方法的过程中，便渐渐地养成了“内弱外强”的习惯。

④一远离工作就变成“好人”

采购员的特点之四，是很多人刚一远离工作就会变成一个“好人”。

这些人在公司讨人嫌，板着吓人的面孔，可一到了垂钓中心和高尔夫球场，便成了喜笑颜开、和蔼可亲的“好人”。

采购员还有另外一面，他们整天置身强烈的紧张状态，远离工作后，就会回归本来的自我，像孩子那样玩耍，不如此就不能胜任采购员工作。因此，工作时和远离工作后的反差必然很大。

在公休的日子里，某供应商的业务员偶然遇到采购员，便会感觉到“就像换了一个人似的”。

⑤趋于保守

采购员的特点之五，是保守。 他们不会主动放弃固有理念去改进现有的流程和规则。 其他部门要求变更时，多半也是百般阻挠。 或许是以前种种不愉快的经历，诸如内部监查和税务监查、供应商的交货期纠纷等，使得采购员趋向于墨守成规（尽管笔者一直认为，内部监查员及其方法，也有许多值得改进的地方）。

就因为这种保守性，笔者听过有人背地里发牢骚："采购比衙门还衙门。"

⑥博闻强记

采购员的特点之六，是博闻强记。

相比业务员，采购员需要处理的品种数量和类型更多。 一旦成为一名合格的采购员，就必定要涉及大量品种和类型，"从土拨鼠到原子能"都要采购（当然，有的企业并不这样）。

然而，这里关键的问题是光有丰富的知识，其经验是不怎么能派上用场的。

一个成功的采购员，应该能够运用从遗传工程学到物理学等广博的知识，与公司内部人员打交道、制订新外包规划（在专业性较强的产品方面，取得一定成就的采购员多属此类）。 重要的不是光有知识，而是要能够运用知识工作。

前面介绍了采购员具有象征性的几个特点，事实上，采购员的特点多种多样，因其所处的环境和本来具有的修养而异。这里列举的六个特点，都比较典型，但并非仅凭它们就能说明所有的特点。

好像是要给采购员故意营造一个成功的环境似的，虽然他们沟通能力不强，但具有抗应激反应，采购这项工作的成果正好取决于“环境”和“特点”的组合。

实际工作内容，还是留待正文详细介绍吧。采购是怎样一类工作呢？初次涉足采购工作的人员、与采购密切相关的生产管理人员、涉及引入采购系统的顾问，当然还有采购的老手，若能以此为契机改变观念加深理解，实为荣幸。

鬼泽正一

2007 年 11 月

第 1 章
制造业采购管理基础知识

1－1　采购业务概述

所谓采购业务，是指“根据申请部门的要求，从供应商购买质优价廉且交货及时的物品或服务”。

但是，采购部门无法单独开展这项业务，因而要与其他部门保持密切协作。 这就是采购业务的乐趣，也是它的难点。 换言之，它既能让采购员发挥主观能动性，又很容易促使其当甩手掌柜。

●采购零件的质量

采购零件的质量等级，最初由质量管理部门或者设计部门决定。 采购部门获得供应商提出的规格变更方案后，应积极推动降低成本，并自行制订规格变更方案。

何谓采购业务

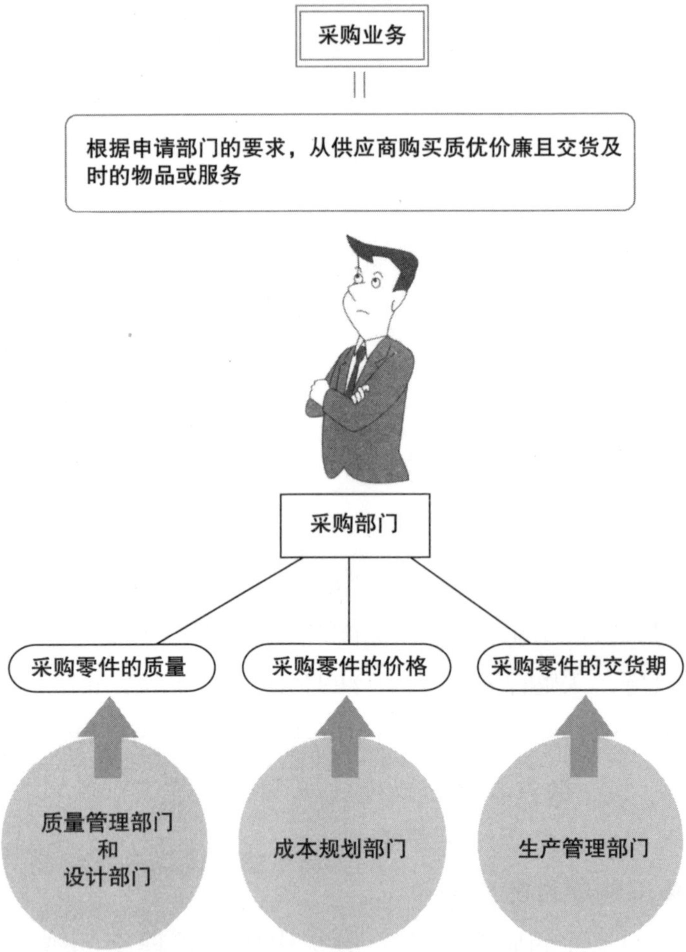

采购业务
根据申请部门的要求，从供应商购买质优价廉且交货及时的物品或服务
采购部门
采购零件的质量
采购零件的价格
采购零件的交货期
质量管理部门
和
设计部门
成本规划部门
生产管理部门

图1－1

●**采购零件的价格**

采购零件的价格，由采购部门与供应商谈判决定。但是，目标价格，则由公司内部的成本规划部门，根据产品的市场价格决定。谈判时，采购部门应将价格控制在该目标价格以内。

●**采购零件的交货期**

采购零件的交货期，取决于生产管理部门编制的生产计划。在需求量剧增而来不及交货时，采购员与生产管理人员协商，并会同供应商一起调整交货期。此外，供应商交货方式有较大变化时，诸如引入 JIT（准时生产）方式和寄售库存方式等，则应与生产管理部门紧密协作。

1－2　采购部门的主要任务

采购部门正常的任务，是指“根据采购申请，与供应商谈判决定价格和交货期，以及交货逾期后进行跟踪”。随该任务而来的有如下五项任务：“寻找、评估新供应商”、“签订采购基本合同”、“评估现有供应商”、“分析采购数据及制订采购措施”、“引入采购系统或者变更采购流程”。“寻找、评估新供应商”，旨在追求更理想的 QCD（质量、价格、交货期），或者从外部引进自己公司没有的技术，在寻找新供应商的同

五项任务

❶ **寻找、评估新供应商**

- 追求更理想的QCD（质量、价格、交货期）
- 引进自己公司没有的技术

❷ **签订采购基本合同**

- 以书面形式规定有关交易的基本条件，诸如支付条件、检验条件、保密等

❸ **评估现有供应商**

- 根据一定的指标，定期评估正在进行交易的供应商

❹ **分析采购数据及制订采购措施**

- 发掘出削减成本的机会

❺ **引入采购系统或者变更采购流程**

- 追求效率，以及合规（遵守法律法规）

图1－2

时，根据一定指标进行评估，然后开始交易。

“签订采购基本合同”，是指在与供应商开始新交易时，以书面形式规定有关交易的基本条件，诸如支付条件、检验条件、保密等。采购员与法务人员合作起草基本合同的样本，并与供应商协商合同条款。“评估现有供应商”，是指根据一定的指标，定期评估正在进行交易的供应商。这项工作，采购员无法单独完成，需要质量管理部门提供有关质量的信息，也需要设计部门提供有关供应商开发能力的信息。采购员负责构建供应商评估结构，并协调整个公司的工作。

“分析采购数据及制订采购措施”，是指分析采购的数据以发掘出削减成本的机会，并考虑如何给各供应商分配订单。“引入采购系统或者变更采购流程”，是指变更传票流动和检验的结构。

1-3 采购组织

整个公司中的采购组织，大体上如图1-3所示。

图中，上面的案例，采购部门是与各事业部平行的独立组织。一个采购组织，集中承担了整个公司的采购功能。在这种组织形式当中，由于采购业务集中，虽说采购员少也能够开展工作，还能培养专家，但另一方面也存在缺点，它难以灵活应对各事业部的要求。

组织形式范例

● **采购部门独立的形式**

- 采购员少也能够开展工作
- 培养专家
- 难以灵活应对各事业部的要求

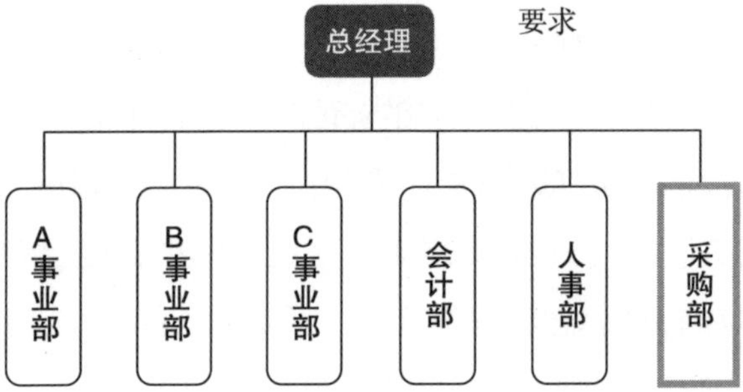

● **各事业部下设采购部门的形式**

- 可以机动灵活地开展采购业务，以满足各部的要求
- 采购成本高、效率低

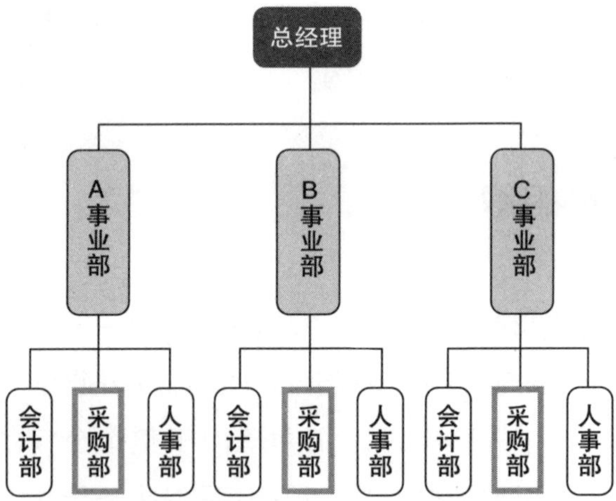

图1－3

在图 1 – 3 第二种形式中，各事业部都下设采购部门，承担各自事业部的采购任务。在这种组织形式当中，可以机动灵活地开展采购业务，以满足各事业部的要求。但另一方面也存在缺点，各事业部的采购部门各自为战，分别去采购相同的产品，采购成本高、效率低。此外，还有一种混合型案例，将上面两种组织形式混合到一起，各事业部所属的采购组织，与总公司机构——采购规划部并存。采购规划部负责采购全公司通用品种，制订全公司采购战略。可以想象，出现这种组织形式，就是为了消除图 1 – 3 那两种组织形式的缺点。

另外，材料分为直接材料和间接材料，前者与生产直接相关，后者包括除此之外的所有材料。还有一种组织形式，直接材料由材料部负责，间接材料由总务部或者管理总部负责。最近，好像越来越多的企业集团，将采购功能分离出来，下设采购业务专业公司（采购共享服务公司），由其统一承包集团内部采购业务（见 10 – 2 – 1“采购共享服务”，179 页）。

1 – 4　制造业采购的特点

制造业中的采购业务，主要有以下两大特点。

①以采购直接材料（最终产品的原材料等）为主

以采购直接材料为主，就是采购可以列入直接成本

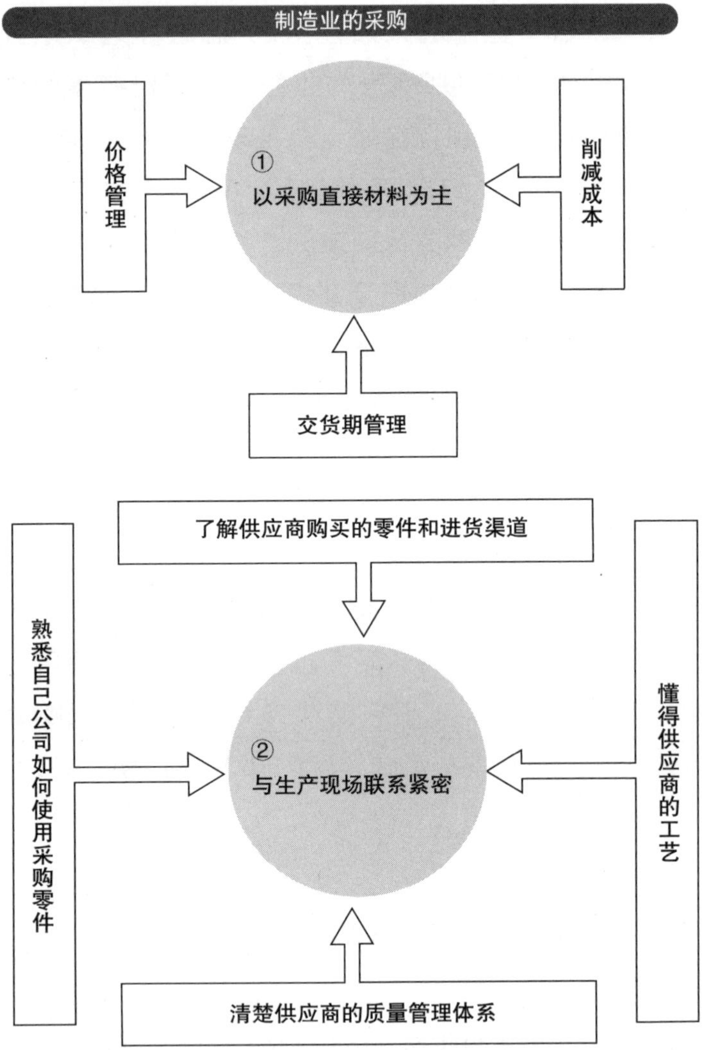
制造业的采购
价格管理
①
以采购直接材料为主
削减成本
交货期管理
了解供应商购买的零件和进货渠道
熟悉自己公司如何使用采购零件
②
与生产现场联系紧密
懂得供应商的工艺
清楚供应商的质量管理体系

图 1－4

的料件。因此公司内部，特别是成本规划部门，对于采购价格管理和削减成本的要求非常严格，这就是第一大特点。此外，还有一个特点，供应商和自己公司相同，都是采购安装到成品中的料件，采购零件交货逾期，将直接耽误本公司产品出厂，所以对于交货期管理，要求也相当严格。

②采购工作与生产现场联系紧密

虽说采购是事务方面的工作，但它与生产管理部门的工作一样，都与生产现场联系紧密，这就是第二大特点。制造业的采购员，必须熟悉在自己公司的生产线上如何使用采购零件，旨在了解采购零件质量不佳和交货逾期，对自己公司的产品质量和出厂日期会造成哪些影响。此外，采购员应该掌握的情况还有：在供应商的工厂里采用什么工艺、如何制造采购零件，供应商从何处购进哪些料件，质量管理体系是否可靠等。首先，懂得供应商的工艺，采购员就可以发现通过改进工艺来降低成本的机会。其次，了解供应商购买的零件和进货渠道，就可以未雨绸缪，预先制订出应对材料供货困难、材料价格上涨的措施。再者，清楚供应商的质量管理体系，可以防供应商产品质量不佳于未然。

1-5 生产管理与采购的关系

生产管理部门与采购部门的交集，有以下四项工作。

①编制生产计划

根据生产管理部门编制的短期、中期、长期生产计划，采购部门考虑如何给各供应商分配订单，确保供货能力，与供应商协商价格。

②提出购买要求

生产管理部门用库存数据及订货剩余数据，与根据生产计划算出的料件数量、交货期数据进行比较，并向采购部门提出购买要求。 采购员以该购买要求为基础编制订货单，并提交给供应商。

③管理生产计划的进度

生产管理部门负责生产计划的进度管理。 在供应商承担一部分生产工艺或者负责重要零件供货的情况下，有时会因供应商生产工序出现问题导致交货逾期。 或者，有时因需求量剧增而出现供不应求的现象。 此时，采购员应与生产管理人员协作，研讨转由自己公司生产或向其他供应商订货，并采取相应措施。

④变更生产管理方式或者库存管理方式

采购员与生产管理人员、供应商协作，推动引入 JIT [见6－1－1“准时生产”（JIT），111 页]和寄售库存方式（见6－2－4“寄售库存方式”，125 页），前者是生产管理方式的一种形态，后者是库存管理方式的一种形态。

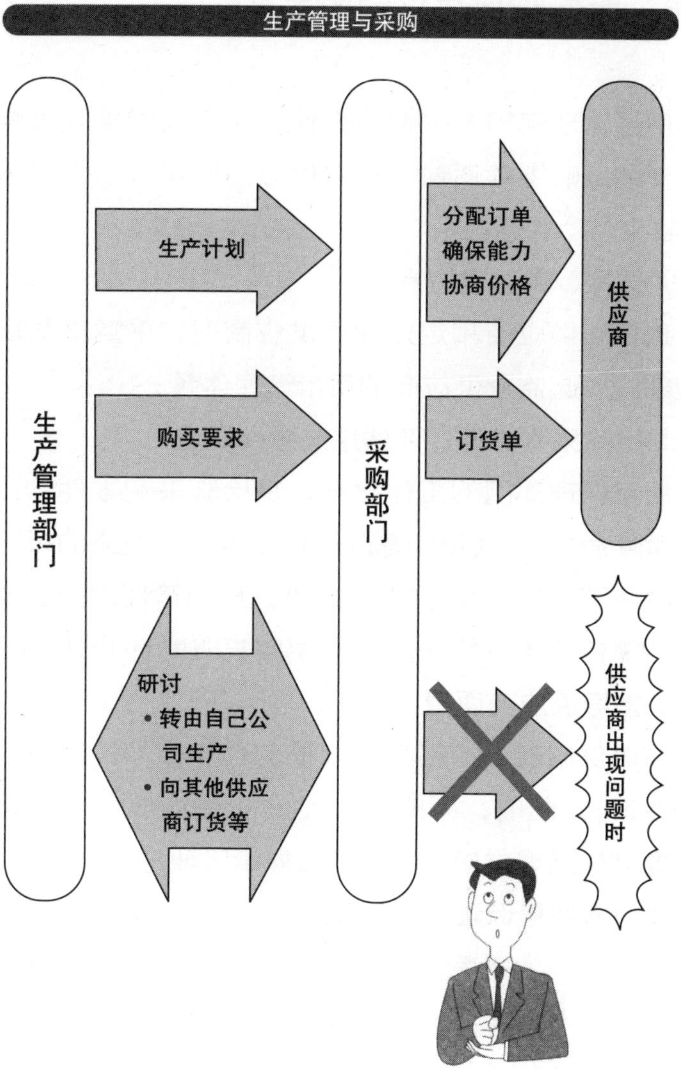
生产管理与采购
生产管理部门
生产计划
购买要求
研讨
• 转由自己公司生产
• 向其他供应商订货等
采购部门
分配订单
确保能力
协商价格
订货单
供应商
供应商出现问题时

图 1－5

1－6　质量管理与采购的关系

质量管理部门与采购员合作，包括共同检验采购零件、评估采购零件质量、指导供应商质量、引入质量保证购买制度。

①选择、评估供应商

选择新供应商和定期评估供应商时，采购员与质量管理部门一起监查供应商的质量管理体系。

②检验采购零件、评估采购零件质量

质量管理部门的工作之一，是检验采购零件、评估采购零件质量。质量管理部门检验供应商发来的采购零件，并将不合格零件退回。此外，质量管理部门还要分析采购零件的质量数据，以作为评估供应商时的指标。

③指导供应商质量

有的供应商，特别是小规模的合作公司，没有质量管理专家。此时，采购方企业的质量管理专家与采购员，要共同指导供应商如何改进质量管理。

④引入质量保证购买制度

如果确定为采购质量稳定的购买品种，有时就会引入质量保证购买制度。所谓质量保证购买制度，是指订货方企业确认供应商的质量管理超过一定水平以后，对采购零件入厂实行免检的制度。此时，质量管理部门要与采购部门合作，监查供应商的质量管理体系，并对供

质量管理与采购

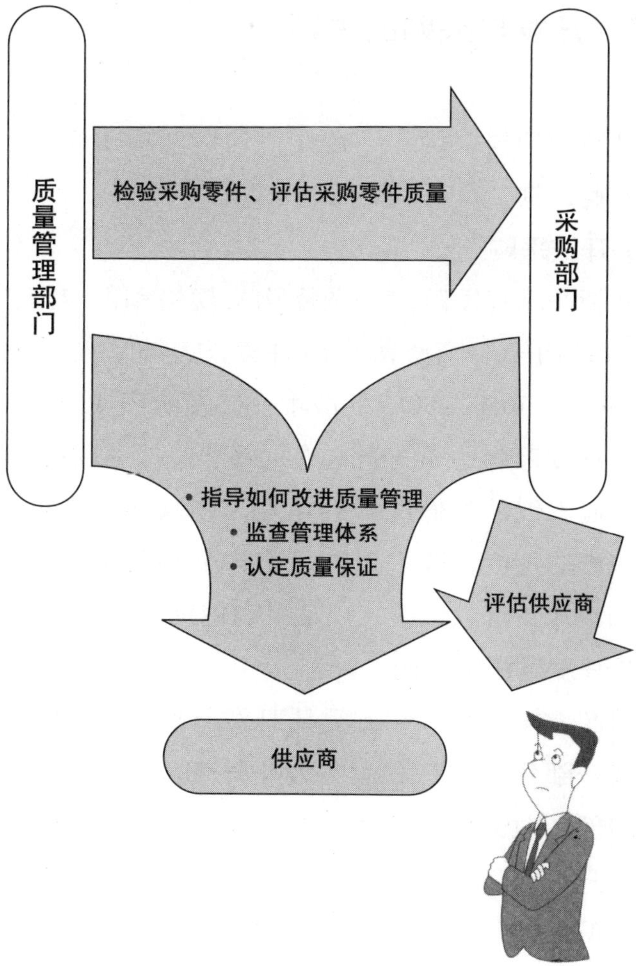
质量管理部门
检验采购零件、评估采购零件质量
采购部门
• 指导如何改进质量管理
• 监查管理体系
• 认定质量保证
评估供应商
供应商

图 1－6

应商进行认定。

1－7　开发与采购的关系

开发部门与采购部门合作，包括两项工作，其一是开发采购，其二是开发委托的采购。

①开发采购

从新产品开发阶段到选择购买规格和供应商，开发部门与采购部门同心协力所开展的活动，称为开发采购。据称，70%～80%的成本在开发阶段决定，因此，可以说开发采购是降低成本的有效手段。最近，越来越多的企业不仅从降低成本的角度，还从环保措施和遵守法律法规的角度，要求采购员必须从开发阶段便参与选择采购零件，可以想象，开发采购越来越重要了。

②开发委托的采购

就像委托开发软件和委托开发半导体一样，有时将全部或一部分产品开发业务委托外部来完成，旨在弥补公司内部人力资源的不足，或者加快产品开发速度。采购员从开发部门采集一些信息，如开发规格以及连带产生的知识产权（专利权等）归属范围等，起草开发委托合同。其后，选择供应商，与开发人员协商如何谈合同条件，并予以实施。

特别是选择新的供应商时，由于采购部门信息不足

开发与采购

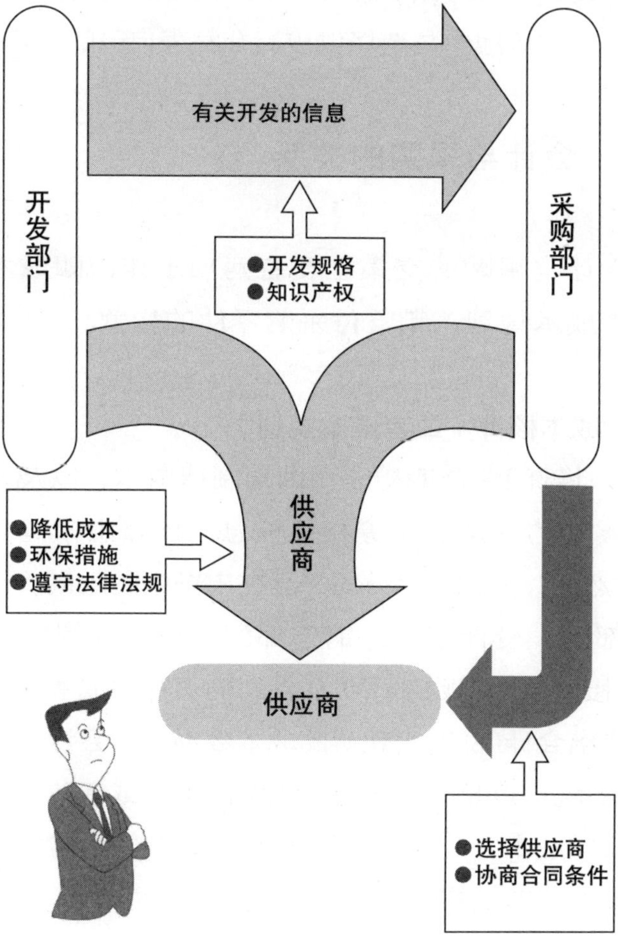
有关开发的信息
开发部门
采购部门
●开发规格
●知识产权
供应商
●降低成本
●环保措施
●遵守法律法规
供应商
●选择供应商
●协商合同条件

图 1－7

（或者缺少知识）等原因，开发部门做主决定供应商的情况时有发生。此时，采购员不仅要考虑供应商的技术能力，还必须要考虑批量生产时供货和保证体系、经营状况等，积极地参与选择供应商并发表自己的意见。

1－8 会计与采购的关系

会计与采购的交集主要有两项工作，即成本核算（或者成本规划）和支付采购零件的货款。以下依次介绍。

①成本核算（或者成本规划）

会计部门综合期初公司内部制造成本，以及从外部采购零件的采购成本等相关信息，计算出预定制造成本。然后，考虑自己公司产品在市场中的动向，同时与制造部门、设计部门、销售部门协商，以统计制造成本。接下来，采购部门将从外部购买料件成本和外包成本提交给会计部门。获得此成本数据后，会计部门设置预定成本。这是一种将每一采购品种（或者每一外包品种）预定成本，与实际采购成本间的差额，作为成本差额计算在内的结构。

②支付

这是一种申请部门有权决定采购规格、有权验收，采购部门有权决定采购零件价格及供应商，会计部门有权向

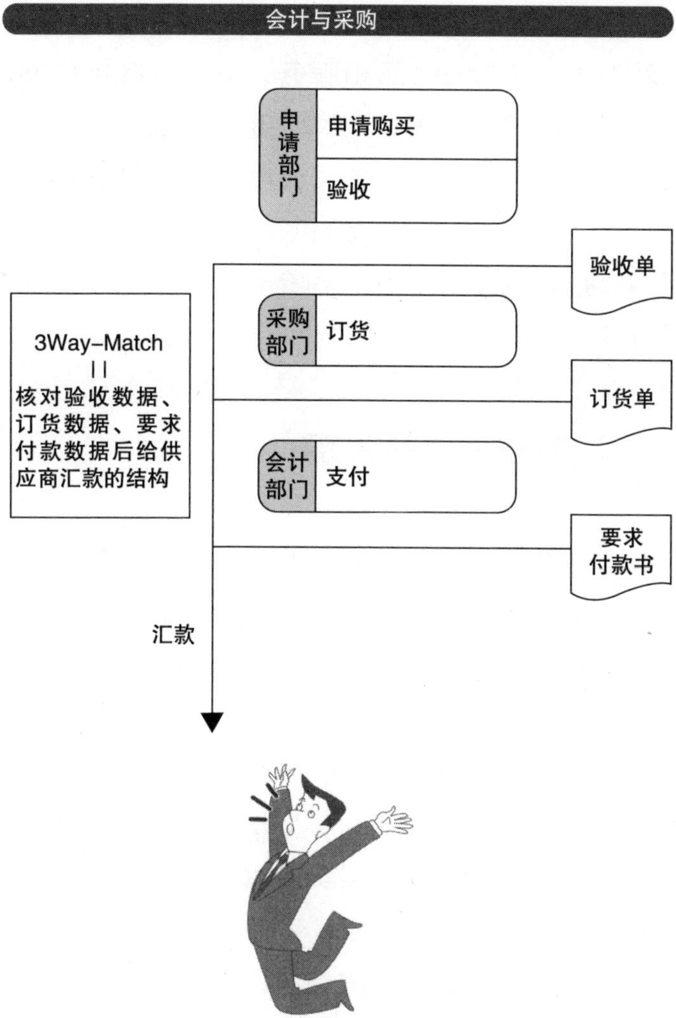

图1－8

供应商支付货款，三个部门相互制约，能够杜绝营私舞弊的结构（有时将这种结构比做国家的司法、行政、立法三权分立，故称为采购功能的“三权分立”）。

采购部门订购的物品和服务，交货并经申请部门检验后，由会计部门汇款。会计部门（如果财务部门独立，则为财务部门）除了负责汇款业务之外，还要考虑自己公司现金流转，决定给供应商付款的标准支付条件。采购部门根据该标准支付条件，就支付货款事宜，分别与各供应商谈判。

1－9　法务与采购的关系

采购员的一项主要业务，就是与供应商签订合同。很多企业都备有自己公司固定格式的买卖基本合同书样本，与供应商开始交易时，采购员便成为一个双方交流的窗口，以便签订合同。

买卖基本合同书样本，根据最新的法律法规和自己公司的策略，由采购员与法务人员合作起草。此外，即使将自己公司固定格式的买卖基本合同书样本交给供应商，也不可能让供应商原封不动地签字盖章。如果存在供应商的规定所不能允许的条款，供应商可以向采购员提出删除和变更合同条款的要求。需要参照法律方面的必要条件和自己公司的合同策略，就供应商的这种要求进行判断时，采购员应先听取法务人员的意见。

此时，研讨供应商重新提出的方案，并不是全都推

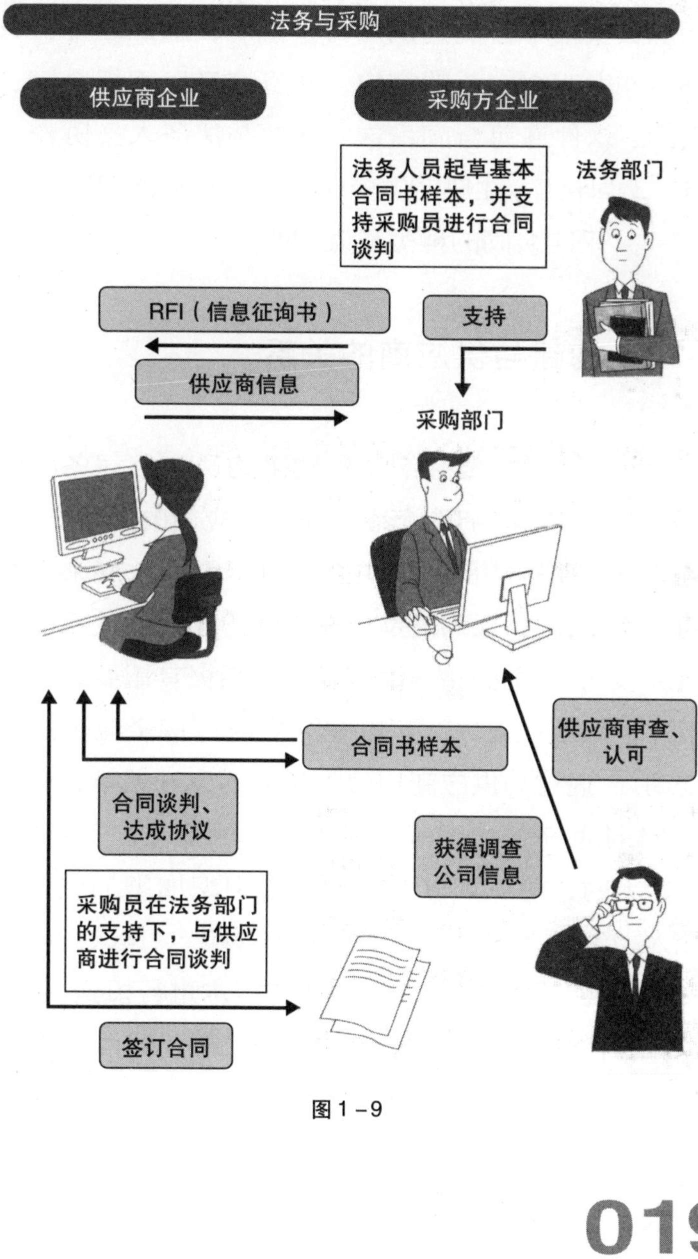
法务与采购
供应商企业
采购方企业
法务人员起草基本合同书样本，并支持采购员进行合同谈判
法务部门
RFI（信息征询书）
支持
供应商信息
采购部门
合同书样本
供应商审查、认可
合同谈判、达成协议
获得调查公司信息
采购员在法务部门的支持下，与供应商进行合同谈判
签订合同

图 1 –9

给法务人员，采购员阐述自己的意见也是至关重要的。前面以买卖基本合同为例进行了说明，除此之外，有时采购员作为双方交流的窗口，还签订开发委托合同、保密合同、软件许可合同，这依然要与法务人员协作（见2－1－2“评估、注册新供应商及签订基本合同”，27页和9－2“采购合同的种类及谈判要点”，164页）。

1－10　构建与供应商的关系

前面几节，主要介绍了构建采购员与公司各部门之间的关系，而这一节则介绍构建与供应商的关系。与可信赖的供应商构建良好的关系，对于企业发展来说至关重要。可以说，采购员是与供应商构建这种关系的骨干力量。之所以说构建与供应商的关系极其重要，是因为以下几个原因：首先，可以灵活应对订货企业生产计划的变动。通过与供应商构建中长期的良好关系，可支持JIT（准时生产），也可应对生产急剧变化。特别是需求量增大时，可以为订货企业优先组织加班加点、优先分配人力资源，这对交货期有很大影响。其次，可以支持开发采购，或者对采购方企业的技术进行投资。通过与供应商构建信赖关系，从开发阶段起，就可获得供应商提供的方案和开发方面的协助，因而采购方企业能够以更快的速度、更低的价格，将更优质的产品投入

供应商与采购方企业

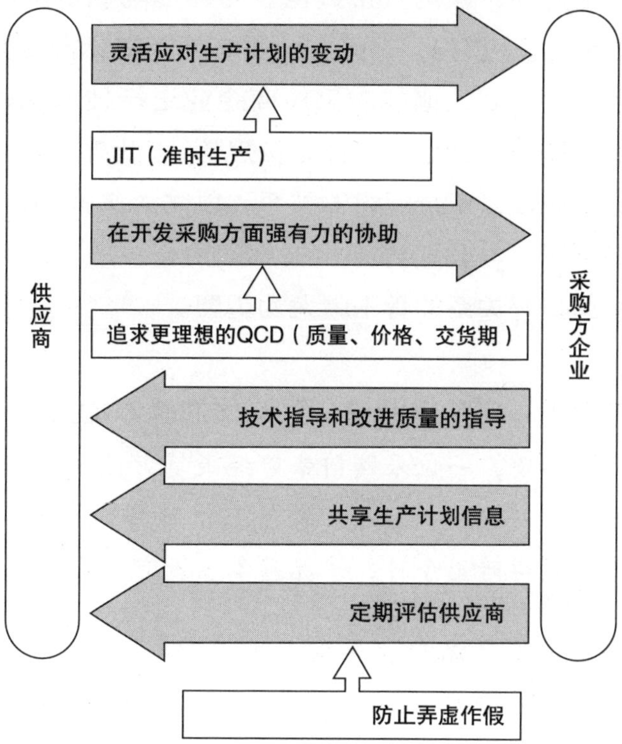

图1－10

市场。

另一方面，采购方企业也要为构建与供应商的关系做一些努力。首先，采购方企业必须以实际行动促进双方关系良性发展，诸如对供应商企业进行技术指导和改进质量的指导、共享生产计划信息等。此外，还应该定期评估供应商，保持严肃的关系，以防弄虚作假。对于采购员来说，与公司内部相关部门协作，成为一名与供应商打造良好关系的骨干就尤为重要。

专栏①　采购农业论～采购员的基本能力～

十多年前，一位采购前辈曾经跟笔者说过："采购工作就像农业一样。"最近，笔者工作时蓦地想起了这句话，而且觉得时至今日，情况基本上没有什么变化。

那位前辈所说的"采购农业论"，是指"农业年复一年深耕地、施好肥、锄杂草，因而可以长出好庄稼。采购工作也一样，日复一日努力构建与公司内部各部门的关系、与供应商的关系（耕地）以后才会有收获"。除了正常工作之外，采购员有时会提出一些方案，诸如为了改进现场流程而引入新系统，为了降低成本、规避供货风险而引入新供应商等等。可以说，采购员的成果，要看如何顺利地让有关部门采纳所提出的方案。事实上，一个平常没什么联系的采购员，突然拜托设计部门和开发部门说："头儿有令，必须削减成本，拜托。"设计部门和开发部门的人不会买他的账。如果采购员平常就构建了良好的关系，即便做起来有些难度，大家也会给予大力协助，就算再忙，对方也会愉快地与其共商折中方案（例如，研讨设计不费时间的方法等）。如果仔细观察便会发现，规划阶段（上游工序）的信息，大多自然而然地汇集到构建了良好关系的采购员那里。从那一时刻起，他就已经参与到规划当中了。相反，如果是不注意构建良好关系的采购员，看上去好像只有到了几乎所有的条件都已决定的阶段，事务员为了应付差事才给他传话，这种现象并非鲜见。

笔者一直认为，这种构建关系能力的差异，与采购员的成就关系颇深。下面，根据笔者的经验附带介绍一下成功采购员的特点。成功采购员都是：

“没事也往现场跑的人、民主的人、拥有可信赖气场的人、一和他共事就莫名其妙地觉得愉快的人、长于照料的人。”

为了取得更好的成绩（例如推动开发采购、配合新材料等），采购部门有时会采取一些措施，诸如成立新的组织、轮换调配工程师等等。但是，从笔者的经验上来看，比起人员和组织调整，好像更多案例是提高采购员构建关系的能力，或者通过修正对待工作的态度和观点加以改善。

第 2 章
采购流程及要点

2－1　采购流程基础——从计划到汇款

2－1－1　获得生产计划信息和库存信息

个别购买申请书的流程，将在 2－1－3 节详细介绍，一系列业务流程的开头阶段，是获得生产计划信息。

采购员从生产管理部门获得半年或三个月的生产计划，或者从生产计划中扣除库存和订货剩余后的数量，然后计算出需要向供应商订货的数量。

采购员根据该需求量完成如下工作：

①对照购买预定数量和供应商评估结果，制订给现有供应商分配订单（allocation）的方案。另外，有时还

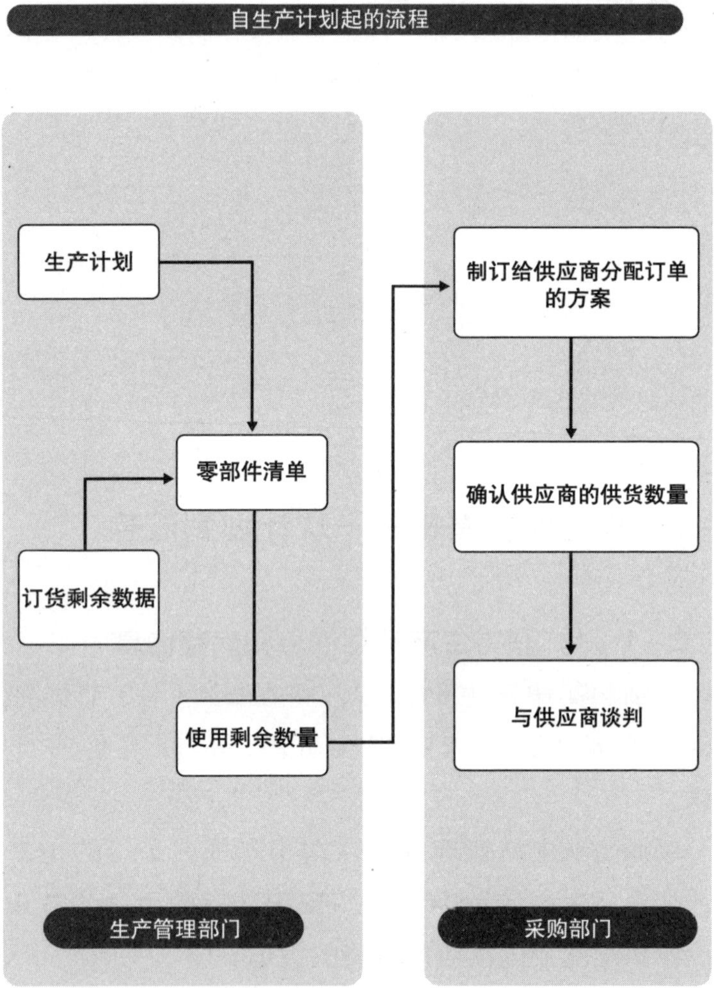
自生产计划起的流程
生产计划
零部件清单
订货剩余数据
使用剩余数量
制订给供应商分配订单的方案
确认供应商的供货数量
与供应商谈判
生产管理部门
采购部门

图2－1

要制订一些措施，旨在评估、引入新供应商，整合现有供应商等。

②采购员完成①的工作后，与成本规划部门和会计部门、设计部门协商，制订三个月或者半年的削减成本目标。

③完成②的工作后，确认供应商及确保供货，进行价格谈判等。

④将与供应商谈判的结果反馈给相关部门。

上述①～④项不一定要按顺序做，可边沟通边工作，沟通的对象包括生产管理部门、设计部门、成本规划部门、会计部门、供应商。

2－1－2　评估、注册新供应商及签订基本合同

采购员的一项重要工作，就是开拓、评估、注册新供应商。这是因为，寻找供应商并与其进行交易，这本身就是采购员对企业的贡献。当然，上述供应商必须具有符合公司要求的技术，而且价格、交货期、质量也都令人满意［最近，越来越多的企业，除了技术、质量、价格、交货期之外，还将供应商的环保措施和遵守法律法规之类的 CSR（Corporate Social Responsibility，企业社会责任），也作为与新供应商交易时的评估项目］。

首先，采购员通过分析采购数据，决定要寻找具备哪些必要条件的供应商。其次，给寻找到的供应商编

新供应商注册申请书（范例）

供应商名称		
供应商概述	销售额	
	经常利润	
	资本金	
	职工人数	
	主要使用品种	
	行业	
调查公司判断	A・B・C・D	
生产网点、供货能力		
质量管理体系		
开发体系和服务体系		
资质（ISO、ISMS等）		
开始新交易的理由		

另附资料

- 公司简介
- 商业登记簿副本
- 财务报表
- 印鉴证明书
- 银行转账申请书

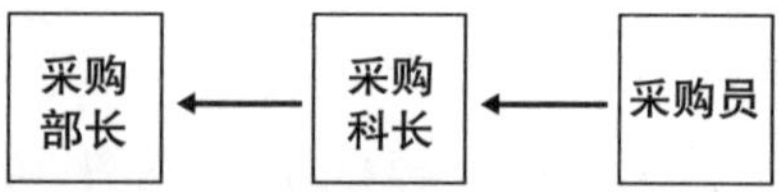

图2－2

制、提交 RFI（Request for Information，信息征询书）。使用 RFI 的格式，向供应商询问包含企业财务内容的经营状况、使用产品、产品的交货前置时间、质量管理体系、生产网点等信息。采购员基于一定的评估标准来评估供应商。根据需要，筛选供应商后，再给筛选出的供应商编制、提交 RFP（Request for Proposal，方案征询书）。

为了让供应商能够提出逆向方案，通常在 RFP 后面附上具有一定自由度的规格明细书。这样采购员就会获得各供应商提供的方案，其中包含价格、交货期。所谓逆向方案，是指供应商提出的有关变更材质、降低精度等方案，但以不损失功能为前提。

采购员根据 RFI 及 RFP 的评估结果，综合评估供应商。此后，编制 RFQ（Request for Quotation，询价单），并添加确定下来的规格明细书，一起提交给供应商。然后，综合 RFQ 阶段以前的评估结果，以筛选供应商（在 RFP 阶段，综合评估供应商以后，有时筛选得就只剩下一家供应商了）。接下来，通过工厂监查和供应商试制，进一步筛选供应商。

此后，采购员开始填写新供应商注册申请书，并根据公司内部规定获得批准（有的企业在批准该注册申请书以前，还通过调查公司进行信用调查）。获得批准后，与供应商签订买卖基本合同书，并将供应商信息注册为供应商原始资料。

2-1-3 受理购买要求

采购员的正常（日常）业务，从受理购买要求开始。在受理购买要求的业务中，为批量生产的产品购买与为试制的产品购买略有不同，具体如下。

购买申请书样本（范例）

购买申请书

购买申请部门领导	←	购买申请人

购买申请日期	购买申请部门
会计科目	购买申请人
品名	规格（插图）
生产厂商名称	
购买数量	希望交货期
交货地点	预算金额
申请购买理由	
附件：	

图2－3

①为批量生产的产品购买

如果是为批量生产的产品购买，则生产管理部展开零件清单，决定每种零件需求量。生产管理部门用料件的库存数量与该需求量比较后，将需要采购的数量作为购买要求提交给采购部门。

收到购买要求后，采购部门受理购买申请书（很多企业都已经将该流程系统化，不是传递传票而是传递数据）。

②为新开发的产品或者试制的产品购买

如果是为新开发的产品或者试制的产品购买，则开发部门和设计部门将询价通知单提交给采购部门。询价通知单一般都后附规格明细或者图纸。采购员根据该询价通知单，将询价单或者方案征询书提交给待选供应商，获得答复后，将答复件交给提出要求的开发部门或者设计部门。开发部门或者设计部门确认预算后，根据公司内部规定（书面申请规程和预算批准规定等）获得批准，然后将购买申请提交给采购部门。收到购买申请后，采购部门受理购买申请。

在引入了系统的企业中，如果是为批量生产的产品购买，则生产管理系统自动生成购买要求；如果是为新开发的产品或者试制的产品购买，则开发部门和设计部门的经办人员将购买申请的内容输入到系统后，在工作流程系统（系统中的批准流程）上，根据规定获得批准，然后将购买申请数据发送给采购部门。

2－1－4　谈判技巧

一提到采购员谈判，大多数人便会想到与供应商谈价，但事实上还包括谈交货期、谈合同等。下面，介绍采购员与供应商谈判的要点，如协商价格等。

①设置谈判目标

事先与成本规划部门、生产管理部门等协商，以设定谈判目标。具体来说，就是与相关部门协商好，如果目标是价格则设置目标价格，如果目标是交货期则设置目标交货期。

②制订谈判预案

事先制订谈判预案，甚至连谈判达成协议的方式都要挖掘出来，准备好根据供应商的可能答复重新提出的方案。例如“供应商以如期交货为条件，要求给自己公司多分配订单时，我们如何重新提出方案？”等。

③制订日程表

谈判不可能一蹴而就，所以设置最终达成协议的目标日期以后，应综合考虑谈判次数、供应商的商讨时间、采购方企业的商讨时间，以制订日程表。

④选择谈判成员

如果是交货期谈判，则除了采购员之外，有时生产管理人员在场比较有利，而且谈判进展也顺利。如果是

图 2－4

合同谈判，有时法务人员和律师在场比较有利。总之，成功的秘诀，就是根据谈判目的和供应商出席成员来确定合适的人选。

⑤分析供应商强／弱、采购方企业强／弱

分析供应商的强与弱（例如，垄断市场、供求失衡）、订货方企业的强与弱（例如，易于转为向替代的供应商订货，或者转为自己公司生产），模拟一下提出怎样的方案，能够将供应商的有利条件引导出来，这些都至关重要。

⑥Give and Take（平等交换）分析

谈判的结果，应该是采购方企业和供应商企业双赢。谈判时，采购员不仅要考虑自己的利益，还要想着供应商的利益，这是成功的关键之所在。因此，必须倾听供应商的声音，努力引导供应商提出方案。

2-1-5 各种订货方式

订货方式与供应商战略有关，下面介绍其种类及特点。

①基于需求预测的订货方式（无承诺=无协议数量责任）

这种订货方式，是先提出三个月或者半年购买预测并订货，但即使实际数量比预测少，也不能要求采购方企业赔偿（违约金）。

②基于需求预测的订货方式（有承诺=有协议数量责任）

这种订货方式，先提出三个月或者半年购买预测并订货，如果实际数量比预测少，则可要求采购方企业赔偿。

虽然上述①、②同样都是根据预测订货数量决定价格，但是②有承诺方式，订货方企业存在风险，然而从另一方面看，削减成本效果却相当明显。

③买卖供料方式

这种供料方式，是指订货方企业购买供应商所需料件后再卖给供应商，供应商使用这些料件生产并向订货方企业交货（但是需要注意，采用这种方式时，结算货款的方法，有外包法方面的制约。 参阅 9 – 1 “采购管理相关法律法规”，161 页）。

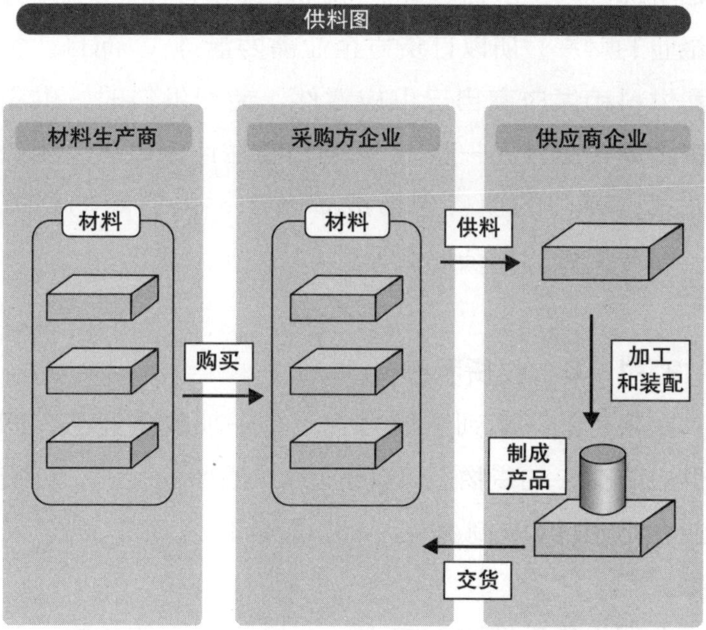

图 2 – 5

④免费供料方式

这种供料方式，是指订购方企业购买供应商所需料件后免费提供给供应商，供应商使用这些料件生产并向订货方企业交货。 买卖供料、免费供料两种方式相同之处，在于订货方企业购买并提供供应商所使用的零件。

订货方企业购买并供料有利时、供应商的零件供货困难时，上述两种供料方式都适用。买卖供料时，因为不属于订货方企业的财产，所以订货方企业无须进行管理，例如所提供料件的盘点等。免费供料时，因为属于订货方企业的财产，所以订货方企业需要盘点。而且，相比买卖供料和供应商自己供应零件，免费供料时，供应商的资金周转更容易一些。采购员要在评估以后采用最佳的方式，评估的项目包括成本效率、供应商的财务状况、事务手续的繁杂程度等。

2-1-6　收货手续

在采购的一系列流程当中，有一项收货业务，即接收供应商交来的货物。这项业务，是指检验前，订货方企业接收由供应商搬运人员或运输公司车辆交来的货物。

办理收货手续时，并不仔细检验交来的货物，而是确认并记录何时、哪一家供应商、以哪个订货编号、交来多少货物。因此，有时也称这种收货手续为“包装外观接收”。做好该记录后，便将货物移交给检验部门。

交货时所附带的交货单（订货单及传票一次多份复制方式），很多企业都不是采用供应商的格式，而是默认采用订货方的格式。

适用外包法的交易，根据法律规定，有义务附带收

收货流程
订货方企业
供应商企业
记录后，将
货物移交给
检验部门
交货
收货手续
●何时?
●哪一家供应商?
●以哪个订货单号?
●交来多少货物?

图 2 –6

货日期的记录。此外，将收货日期与订货单的交货期数据进行比较，是如期交货率或者交货逾期率数据的基础，也是评估供应商时的指标。

这项收货业务，大多由采购部门或者生产管理部门负责。

办理收货手续，可以在仓库，也可以在负责验收的购买申请人所在地。如果是为批量生产的产品购买的，则采用前一种方式；如果是为新开发的产品和试制的产品购买的，则采用后一种方式。

2－1－7　检验

收领后，将交来的货物搬运到检验室，由质量管理部门进行检验。检验大体上分为全检和抽检两种方式。此外，质量稳定的购买零件，有时也采用质量保证购买制度。

质量管理部门检验购买零件的数据，有以下两种用途。

①支付的源数据

以检验完毕那一时刻，作为支付和所有权转移的基准点使用（但如果是外包交易，则采购方企业的收领日期，是决定支付日期的起点，所以要特别注意。见9－1“采购管理相关法律法规”，161页）。

②评估供应商的源数据

以检验数据为评估供应商的基础数据。检验数据用

检验流程

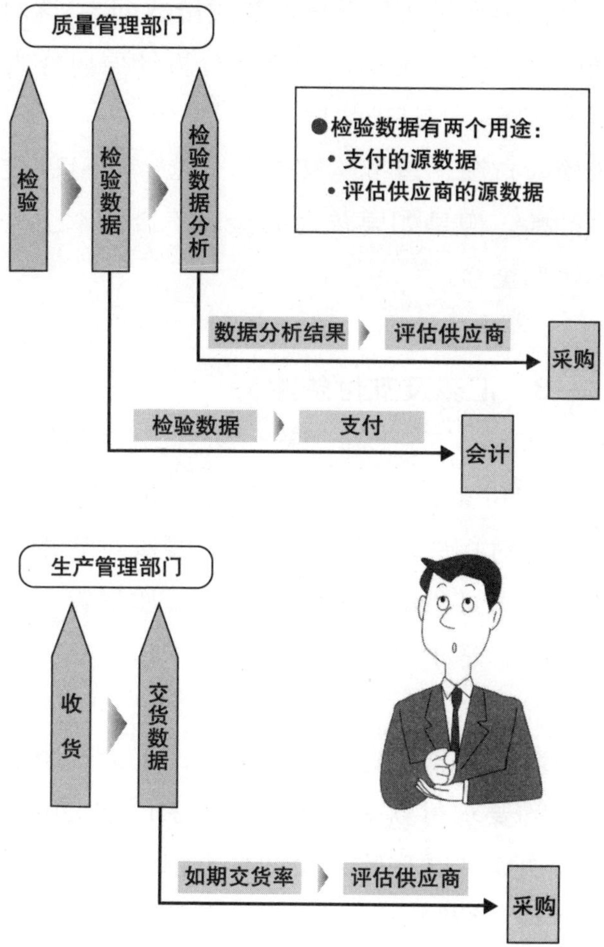
质量管理部门
检验
检验数据
检验数据分析
●检验数据有两个用途：
• 支付的源数据
• 评估供应商的源数据
数据分析结果
评估供应商
采购
检验数据
支付
会计
生产管理部门
收货
交货数据
如期交货率
评估供应商
采购

图 2－7

于计算采购零件的合格率，还用于评估供应商的质量。而且，即使供应商的质量合格，有时也分析纳入哪个范围之内，剖析出现了次品那一批的质量数据。这对于指导供应商的质量会产生积极作用，分析结果可作为选择质量保证购买零件的基础数据。

关于检验方法，首批购买零件全检，质量稳定后分阶段转为抽检，但是如果转为抽检后不合格率上升，有时也重新转为全检。

2-1-8　汇款及支付条件

检验一结束，下一步就是支付货款了。与供应商签订合同时，支付条件已经达成协议，所以如果检验完毕，就可在核对相关数据后汇款，需要核对的相关数据包括基于采购员订货的订货数据、基于质量管理部门检验的检验数据、基于供应商所提交要求付款书的要求付款数据。

要求付款和汇款，有两种的方式：①会计收到上述供应商出具的要求付款书后支付，要求付款书的格式由供应商自行决定；②采购方企业根据自己公司的订货数据及检验数据，编制应付货款明细兼要求付款明细并提交给供应商，供应商在其上签字盖章后，再返还给采购方企业（适用外包法的交易，不是将检验日期设为开始计算的日期，而是将接收日期设为开始计算的日期，以

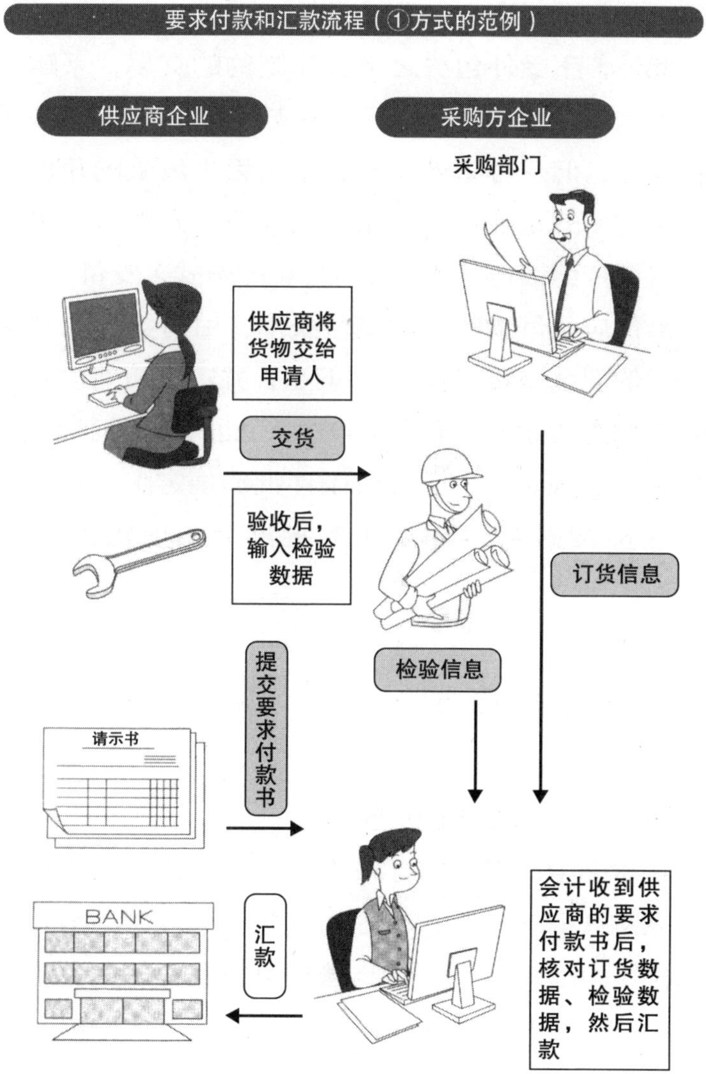
要求付款和汇款流程（①方式的范例）
供应商企业
采购方企业
采购部门
供应商将货物交给申请人
交货
验收后，输入检验数据
订货信息
提交要求付款书
检验信息
请示书
BANK
汇款
会计收到供应商的要求付款书后，核对订货数据、检验数据，然后汇款

图2-8

决定汇款日期，这一点需要注意）。

此外，不受外包法之类法律制约的交易，采购方企业与供应商可通过协商自行决定支付条件。以往多采用票据支付，但从办事效率和票据有丢失风险的角度，似乎越来越多的企业都改为采用代理业务方式（将供应商的债权抵押给银行，再从银行借款的方式）支付。

给供应商付款的标准支付条件，由财务部门考虑自己公司的现金流转来决定。但是，并不是所有供应商都接受采购方企业的标准支付条件。此时，根据特批例外支付条件的规定（例外支付条件批准规定），获得采购管理人员及财务管理人员的批准后，设置例外支付条件。

2-2　采购增值方法

2-2-1　采购分析方法

在本书中，把以制订采购措施为目的，从各种角度分析采购数据的行为，定义为采购分析。通过分析，可抽取出重点管理品种和重点管理供应商，研究供应商评估结果与采购的相关关系。以下，介绍主要分析方法。

①ABC 分析

• 按品种分析。绘制排列采购数据的帕累托图，横轴为品种，纵轴为购买金额（据称，一般 20% 排序靠前

按品种进行ABC分析范例

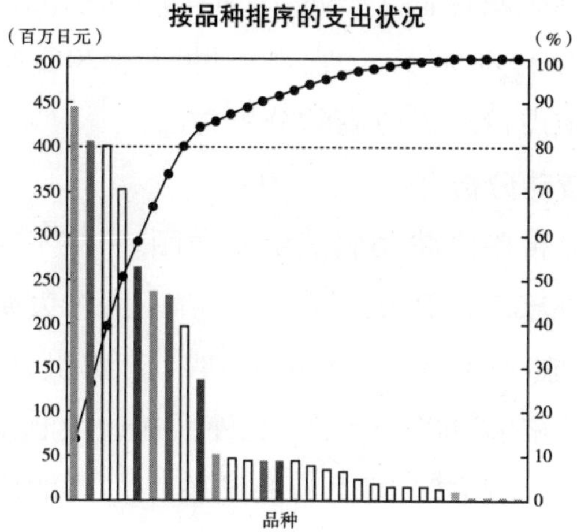

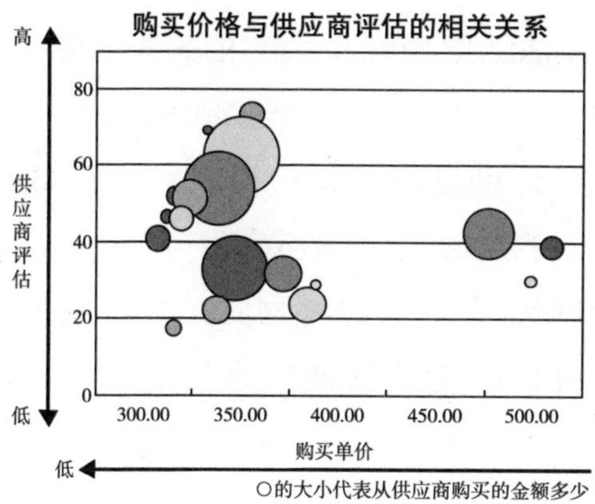

图2－9

的品种，占总购买金额的 80%）。 它是一种以这 20% 排序靠前的品种为重点管理品种的分析方法。

● 按供应商分析。 绘制帕累托图，横轴为购买单价，纵轴为供应商评估（一般 20% 排序靠前的供应商，占总购买金额的 80%）。 它是一种以这 20% 排序靠前的供应商为重点管理供应商的分析方法。

②单价波动分析

将重点品种单价波动情况绘制成图。 接下来，在这张图上标出外部环境因素（原油涨价、供求失衡等）和订购方的措施（引入竞争供应商、压缩供应商数量等），分析价格波动的原因。 此外，通过绘制这张图，还可以比较同一品种不同供应商的价格，抽取出止跌的品种。

③供应商评估结果与购买额的相关关系分析

它是一种可以获得两个数据之间相关关系的分析方法，这两个数据分别是评估供应商的综合分数，以及从供应商购买货物的金额。 一般来说，供应商评估分数越高，购买金额越多。 如果趋势与此正好相反，则将其用于制订采购措施，如提升从评估分数高、购买金额少这类供应商购买的比例等。

2－2－2　供应商评估方法

供应商评估包括两个部分，其一是为现有供应商适

评估指标范例

- 供应商评估指标
  - 经营
    - 财务报表或者调查公司报告
    - 与公司主管面谈
  - 质量
    - 质量实例
    - 工厂监查
  - 价格
    - 购买单价履历
    - 市场价格
  - 交货期
    - 交货期履历
  - 设计和服务
    - 保养服务实例
    - 设计和开发体系、人员

图 2－10

当分配订单；其二是评估新供应商，旨在引进自己公司没有的技术，构建竞争环境。无论哪一部分，目的都是选择更好的供应商，并与其构建良好的关系。供应商评估的必要条件为①评估指标（以何种指标评估）；②加权（如何给指标加权）。

①评估指标

- 质量评估指标（根据从质量管理部门获得的检验数据、工厂监查报告等进行评估）。
- 交货期（根据从生产管理部门获得的，或者由采购部门抽样的交货期数据进行评估）。
- 价格（根据采购部门掌握的单价数据进行评估）。
- 设计和服务（评估从设计部门获得的设计能力、开发能力、保养服务等）。
- 经营（根据采购部门从供应商获得的财务报表、调查公司调查的数据，或者与公司主管面谈的结果进行评估）。

②加权

根据采购品种和采购方企业的措施，给评估指标加权，并进行综合评估。有的企业设立供应商评估委员会，它由采购部门、设计部门、质量管理部门、生产管理部门等部门的经办人员组成，该委员会协商后决定加权和评估指标。此外，除了上述综合评估之外，还有一种方式，即根据评估分数（不含价格）设置一定的基准以后，竞争报价，以决定供应商。

2-2-3 削减成本的方法

削减成本的方法分为四类，见表 2-1。

①变更合同方式。首先，是约定长期购买数量的方式（例如：LTA = Long Term Agreement，长期协议）。对于供应商来说，这种方式易于制订长期生产计划，也可以降低料件的进货价格，有刺激降低成本的作用。其次，是采用 VPA（Volume Purchase Agreement，大宗购买协议），它汇总、签订整个集团企业的购买量。汇总整个集团的购买量后进行谈判，可取得降低成本的效果。

②变更规格。首先，是放宽规格限制。指在保证质量的基础上，通过放宽购买规格限制，来降低供应商制造成本，从而达到自己削减成本的目的。其次，是整合品种。指对购买品种进行标准化，压缩品种数量。这些方法需要变更设计和规格，所以必须与质量管理部门和设计部门合作。

③供应商管理。包括通过加进新供应商来打造竞争环境、变更分配比例（订单分配）、压缩供应商数量等。此外，还有一种方法，即采购方企业提出变更供应商企业生产工艺和材料的方案，以支持供应商降低制造成本。

④其他。利用逆向拍卖和电子招标之类工具的方法。另外，还有一种方法，即相同价格采用更长使用寿命的料件。

表 2-1

分类	具体范例
①变更合同方式	约定长期购买
	集团集中采购
	增大每一次的订货数量
	联合采购
	采用买卖供料方式或者免费供料方式
②变更规格	放宽规格限制
	标准化和整合品种
	变更包装形式
③供应商管理	加进新供应商
	变更分配比例（订单分配）
	压缩供应商数量
	改进供应商工艺
	提出长期生产计划
④其他	使用电子工具（逆向拍卖、电子招标）
	削减使用数量
	采用使用寿命长的料件

2-3 采购基础三大支柱管理方法

2-3-1 交货期管理

订货产品的交货期管理，是采购员的工作之一。如果不能按照协商好的交货期交货，最严重时会导致生产线停产。此外，与不如期交货的供应商交易，可能会导致自己公司增加库存。

有时，偶尔能看到采购员因订货剩余清单而责备供应商的情形，但交货逾期的根本原因到底在哪里呢？或者换一种问法，交货逾期的责任是仅在供应商一方吗？因为不能按照合同约定如期交货，所以很容易想到，供应商的工艺管理、进度管理存在问题。

另一方面，采购方有时也以超出供应商能力的数量和前置时间订货。此外，供应商准备的零件当中，有时也包括长交货期的零件。

显然，基本方针就是与如期交货的供应商交易。另一方面，采购企业可以与供应商共享中长期生产计划，从开发阶段就极力避免嵌入长交货期的产品，或者不得已而嵌入长交货期产品时，改为买卖供料方式或者免费供料方式。总之，可以说与供应商、自己公司相关部门合作，努力改进交货期，就是交货期管理的关键。

2-3-2 应对监查

采购员所涉及的监查，包括采购业务监查、ISO 监

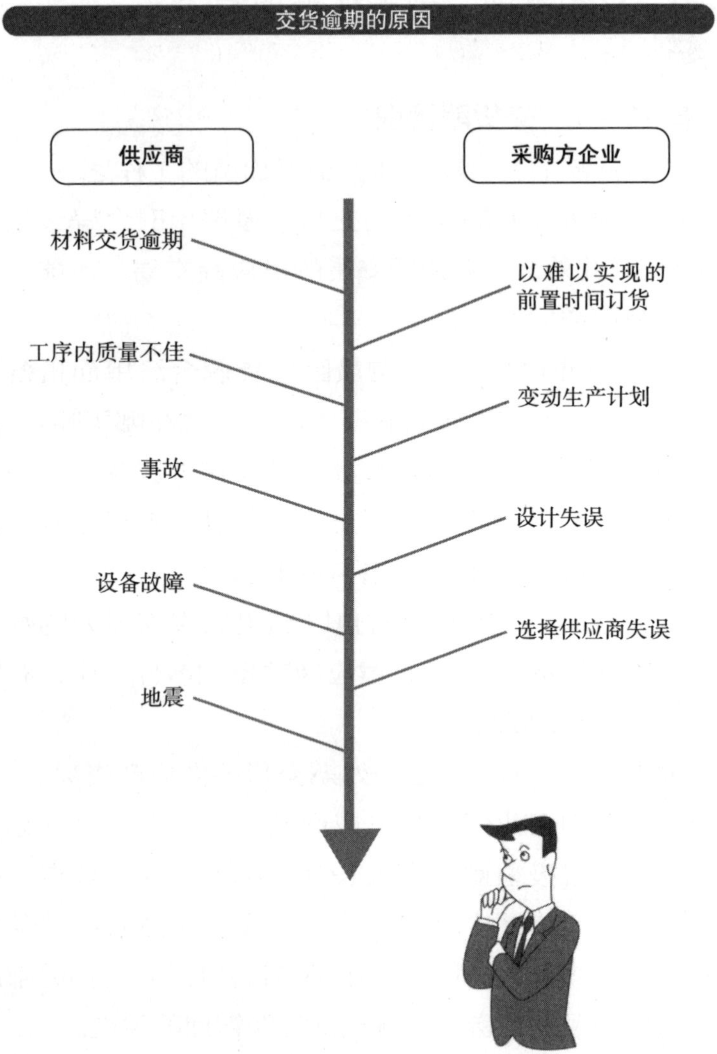
交货逾期的原因
供应商
采购方企业
材料交货逾期
以难以实现的前置时间订货
工序内质量不佳
变动生产计划
事故
设计失误
设备故障
选择供应商失误
地震

图 2 – 11

查、外包法监查、系统监查、税务监查。

其中，对于采购员来说，影响最大的是采购业务监查。下面详细介绍这项监查。

采购业务监查是指定期监查采购业务是否合理，旨在指出应当改进之处。

监查的要点为：①遵守采购管理规程等各项规章制度的状况；②采购部门达到目标的状况；③采购部门的生产率；④为申请部门服务的水平。

第①项监查：是否根据采购管理规程所规定的审批标准订货？是否获得了竞争报价单？是否签订了基本合同？

第②项监查：是否达到了削减成本的目标？

第③项监查：每个人的采购额、订货件数，或者供应商数量。

第④项监查：根据平均前置时间和如期交货率等指标，监查为部门服务的水平，前置时间指从受理购买要求开始，一直到出具订货单为止的时间。

监查后，监查部门将监查报告书提交给采购部门，报告书中记录了存在的问题和课题。对此，采购员提出应对措施及整改计划。此后，采购员定期向监查部门报告整改计划的实施状况。

采购业务监查

监查要点①

●遵守采购管理规程等各项规章制度的状况

- 是否根据规定的审批标准订货?
- 是否获得了竞争报价单?
- 是否签订了基本合同?

……

监查要点②

●采购部门达到目标的状况

- 是否达到了削减成本的目标?

……

监查要点③

●采购部门的生产率

- 每个人的采购额、订货件数、供应商数量

监查要点④

●为申请部门服务的水平

- 从受理购买要求开始，到出具订货单为止的平均前置时间
- 如期交货率

……

图 2－12

2－3－3 构建内部控制结构

2002 年，美国实施了 SOX 法案（Sarbanes － Oxley Act，萨班斯·奥克斯利法案），2006 年，日本也通过了金融商品交易法（通称 J－SOX 法）。

这部法律中规定，构建企业内部控制结构是应尽的义务。内部控制结构不仅仅保证编制正确的财务报表，还保证其财务报表的可靠性，是监查的对象。具体来说，就是确认具备健全的控制结构，如是否能够让计入虚假交易的行为无可乘之机等。

很多采购员也重新研究采购流程，它是公司内部控制结构构建项目的一环。为了构建内部控制结构，首先要绘制当前采购流程的流程图、编写业务手册。其次，在各要点中挖掘出是否隐藏着那样的风险并予以评估，然后编制风险控制矩阵。

接下来，通过定期取样调查来自检，如果有问题则进行整改。

有的企业编制庞大的检查表，耗费了过多的人力和成本。但是，比起将能想得到的风险全都检查一遍，科学评估该风险对于企业有多大影响，重点管理大的风险更为重要（关于风险评估，见 10 －1 －3 “采购风险管理”，177 页）。

内部控制及采购业务

工序	①决定采购部门的任务及日程表	②确定对象范围	③制成文件	④自我监控及整改	⑤期末检查
采购部门的业务	●决定组织和体系，用于确立内部控制，如任命项目领导、经办人员等 ●决定日程表	●根据采购数据分析及风险评估，确定控制的对象范围	●绘制采购业务相关流程图、编写业务手册、编制检查表 ●整备合同书样本 ●整备各种规章制度（采购管理规程、合同管理规程）	●自己部门定期监控是否按照规章制度办理采购业务 ●针对监控中发现的问题进行整改	●期末外部监查人员等进行监查 ●整改期末检查中所提出的问题

图2－13

专栏② 采购业务的难点～致没有积极性的采购员～

前些日子与一位客户谈话时，听到那位客户说了这么一句话："采购工作太难了。矛盾（纠纷）过多，所以如果不是相当合适的人，就不能保持足够的动力。"谈话后，笔者想了一个问题，采购工作到底有什么特殊的难点呢？笔者觉得，采购工作难就难在如何能够在没什么相关理论的条件下，结合企业的实际情况和个别案例，妥善解决下列相互矛盾的课题。

1. 短期成果和长期成果

如果想取得短期成果，那么也可以运用逆向拍卖之类的方法追求低价。但是，可以想象，另一方面会引起质量和供货问题，而且也难以利用中长期交易培养小规模供应商。

2. 控制和服务

采购部门是一个让现场工作部门遵守各种规则、方针的部门，这种工作方法决定了采购部门就是一个衙门。另一方面，采购部门也是一个为现场工作部门提供服务的部门，其质量高低关系到两个方面，其一是与现场工作部门建立良好的关系；其二是采购员的业绩。

3. 服从和效率

越是严格遵守公司内部规则、法律，手续和检查业务就越多，而生产率就越低。可以想象，追求调和这些矛盾的最佳解决方案是一种理想，比登天还难，而结合个别实际情况去寻找最佳解决方案，也不是轻而易举能够办得到的事情（虽然也有理想化的见解，认为利用IT就可以两全其美，但是引入了最新采购系统的企业，其实际情况与理想颇有距离，这类案例屡见不鲜）。

4. 与供应商的双赢关系和利益相争

据称，与供应商构建双赢的关系至关重要，虽然也有已经实现的案例，但实际上，采购员的业务与供应商争夺利益的情况更多一些。

如果考虑到这些，比起理论成分较多的法律、税务和会计等专家，采购员的工作更难一些，或许可以说是一项解决应用问题的工作。但另一方面，断了追求最佳解决方案的念头，只注重表面上的价格，忙于事务手续，积极性和动力也一落千丈，这样的采购员也为数不少。所谓专业性，不是由获得的知识数量来决定。而是由能够解决多少高水平的应用问题来决定，所以优秀采购员通过每天工作所学到的本领，是一种宝贵的财富。采购员获得重视和尊重的时代即将来临。

第 3 章
不同产业的采购流程实例

3－1　汽车产业的采购流程范例

由生产管理系统生成采购品种及其需求量，继而进行购买申请→订货，这与标准采购流程相同。汽车产业中采购流程的特点，包括采用布告牌方式、系列交易、供应商阶层多层次。

①布告牌方式

汽车产业中采购的特点之一，是布告牌方式。所谓布告牌方式，可以说是支持准时生产的生产方式，而所谓准时生产，是指仅按需要数量生产需要零件（见 6－1－2“布告牌方式”，113 页）。

②系列交易

汽车产业中采购的特点之二，是系列交易。

汽车产业的采购图

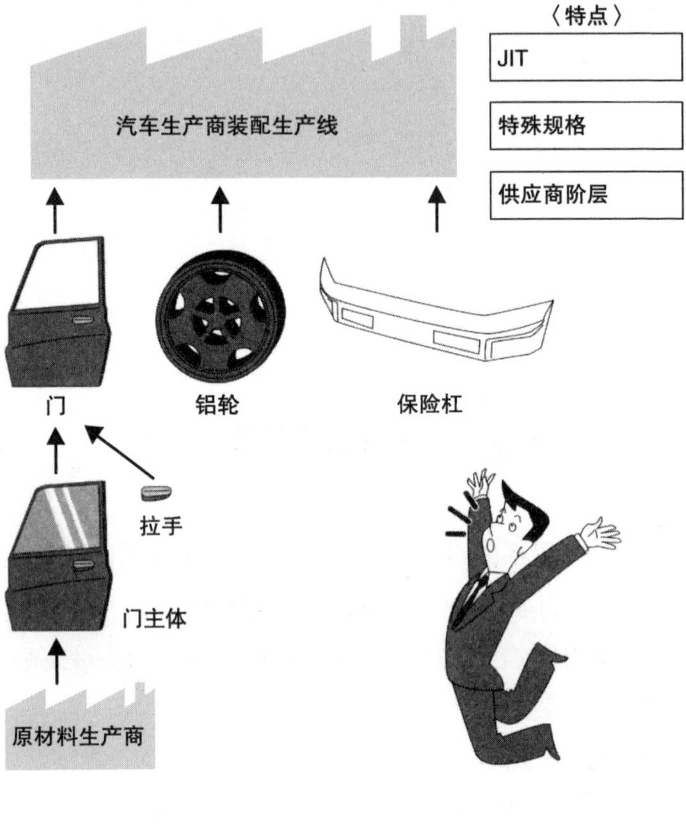

图 3－1

所谓系列交易，是指采购方企业与供应商企业的中长期交易关系，它主要是靠人和资本的关系来维系。通过采购方企业稳定地向供应商企业订货、对供应商企业进行技术指导，供应商可以面向未来投资搞研发、培养人才、积累技巧。这就是采购方企业竞争力的源泉，可以构建双方互惠互利的关系。

但另一方面，据称系列交易会形成对供应商“溺爱”，导致成本居高不下。

事实上，在汽车产业中，有产生双赢关系的良性系列交易，也有产生高成本的恶性系列交易。

③供应商阶层

汽车产业中采购的特点之三，是供应商阶层多层次。汽车生产商的供应商接受订货后，订单上的零件并不是全都由自己公司制造，而是分包出去一部分，可以说这样的案例俯拾皆是（有时称一次分包为 Tier1，二次分包为 Tier2）。订货方企业的一项重要工作，就是检查二次分包供应商的管理体系，是否充分地纳入到了一次分包的管理体系中（质量、交货期等）。

3-2　原材料产业的采购流程范例

这里所说的原材料产业，是指原材料经加工或者精制以后，作为材料供货的生产商。因此，买进铁矿石加工成钢板的生产商，买进原油在成套设备内精炼后，作为化工原料供货的化工产品生产商即属此类。

根据生产计划算出原材料需求量，然后比较工厂库

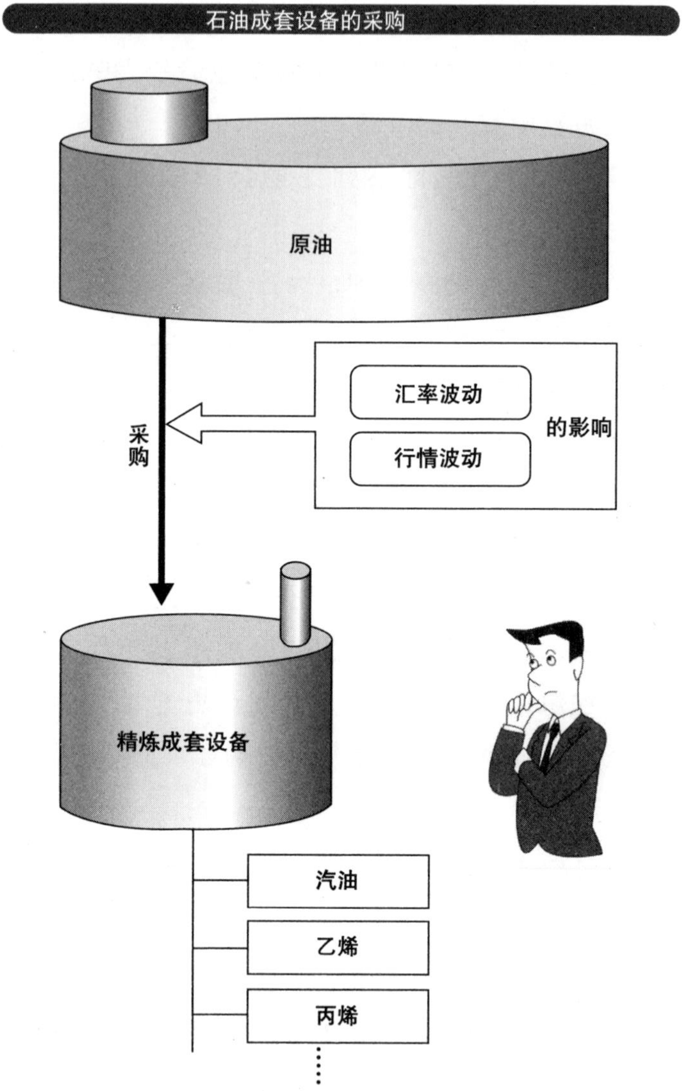

图 3－2

存，最后提出购买申请，在这一点上与其他标准流程相同。

采购有两个特点。特点之一，因为是原材料采购，所以受行情（或者市价）的影响较大。因此，作为规避成本上涨风险的措施，一部分企业采用了期货预约交易。此外，作为稳定供货的措施，采用了长期合同等。

特点之二，因为很多供应商的规模与订货方企业相同，所以很多采购企业都将供应商作为合作伙伴对等看待。

可能是因为反映了这样的特色，所以原材料型产业的采购员当中，相比采购专家，贸易公司业务员类型的人物更常见。

在采购原材料铜的时候，有的企业采用期货交易中的套头来规避风险，有的企业把采购员派往国外原材料供货网点附近，以及时收集供货动向和价格动向，这些都是原材料产业中采购业务的特点。

3－3　电子产业的采购流程范例

本节介绍半导体产业的采购流程。半导体产业，在电子产业中，也是具有代表性的高科技产业。

制造半导体所需的主要采购类别，包括半导体制造用材料和半导体制造用设备。下面分别介绍。

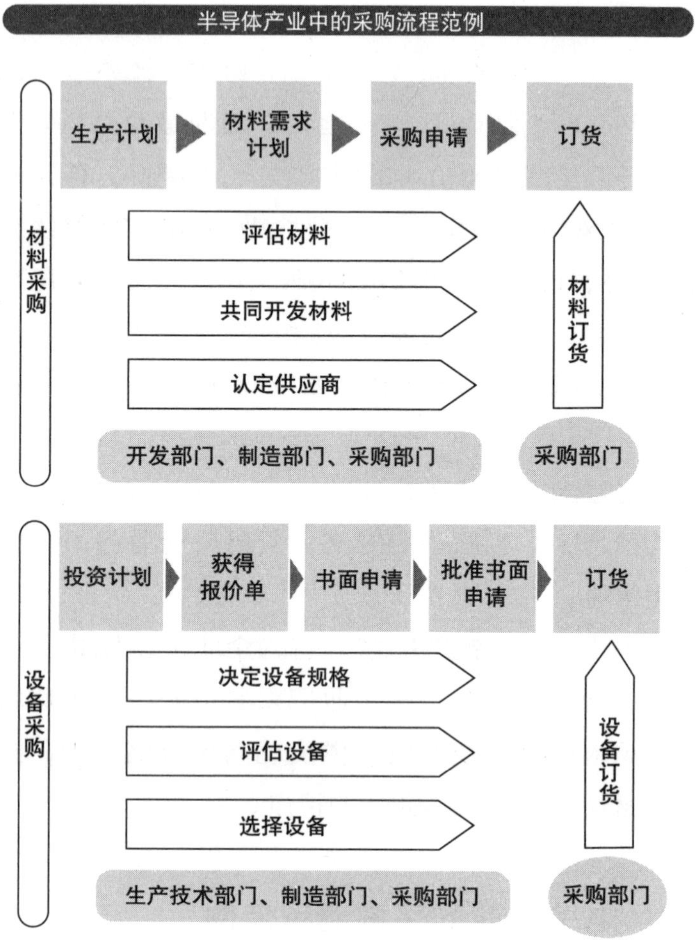

图3－3

①半导体制造用材料

生产管理人员根据生产计划算出需求量后，将扣除了订货剩余数量及库存数量的差值，作为采购申请发送给采购员。其后，采购员根据采购申请向供应商订货（这种从生产计划到订货的流程，所有已经系统化的企业几乎都一样）。采购员根据质量和价格等指标，在质量管理部门等的协助下，评估现有供应商或者新供应商。在为半导体制造购买的料件当中，很多都是供应商开发的尖端产品，所以采购员需要了解有关尖端材料的技术性知识。而且，有的还与材料生产商共同开发尖端材料，所以也需要具有开发合同的谈判能力和专利权等知识产权相关知识。

②半导体制造用设备

半导体制造设备的采购流程为制订设备投资计划→获得报价单→书面申请→批准书面申请→订货。半导体制造设备，根据基于长期生产计划编制的投资计划购买。这项投资，由管理人员作出判断（金额、时间等）。采购员的任务是与生产技术部门和开发部门协商决定设备生产商，同供应商谈判决定价格。与材料相同，半导体制造设备也开发了很多尖端产品，所以采购员需要掌握与此相关的技术性知识。

3－4 制药业的采购流程范例

制药业中的主要采购类别与半导体产业相同，包括制药所需原材料及设备。下面分别介绍。

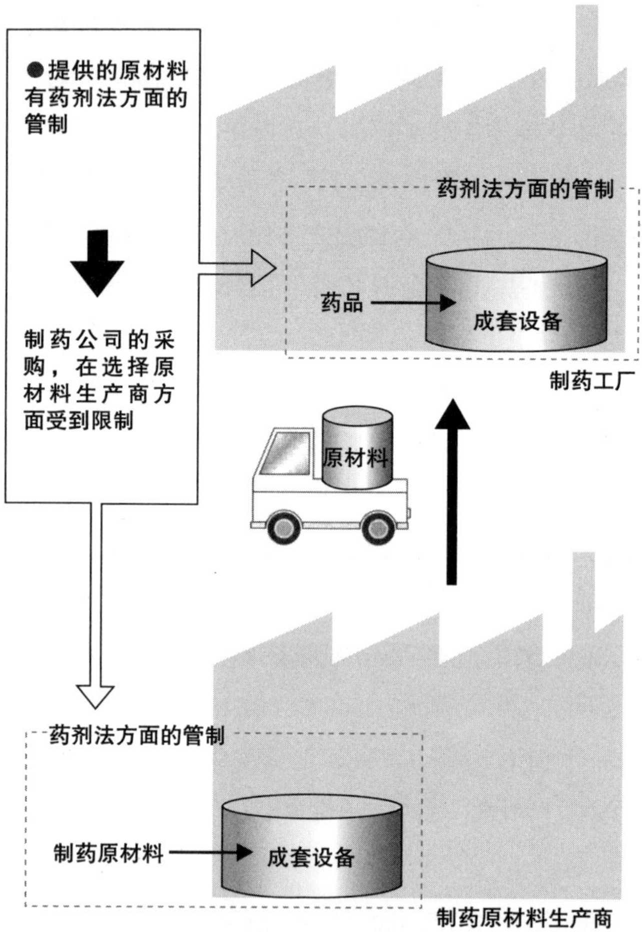
●提供的原材料有药剂法方面的管制
制药公司的采购，在选择原材料生产商方面受到限制
药剂法方面的管制
药品
成套设备
制药工厂
原材料
药剂法方面的管制
制药原材料
成套设备
制药原材料生产商

图3－4

①原材料

根据生产计划申请采购，采购部门向原材料生产商订货，这与其他产业的流程相同。但制药产业的特点，是选择原材料生产商有药剂法方面的制约。众所周知，药品受到有关药剂法方面许可和销售的限制。同样，制药所用的原材料也受到同一法律的管制。不仅价格和质量是采购时的条件，原材料经过批准也是采购时的条件。

②制药设备

制药产业中，制药设备的采购流程，与上述半导体产业的范例相同，即：设备投资计划→获得报价单→书面申请→订货。

制药业特有的采购业务，除上述医药品原材料和设备采购之外，还包括业务委托采购和促销物品采购业务，前者针对称为临床采购的 CRO（Contract Research Organization，合同研究组织），后者主要是面向医生的印刷品，由制药公司的业务员负责散发。可以说上述任何一类采购品种，都是运用相关知识能够做出成绩的业务。那些知识包括有关药学和医学的高深专业知识，以及采购员必备的采购数据分析、供应商评估、合同等知识。

专栏③　对于创造来说至关重要的合同形式 ~ 厂内外包 ~

所谓“厂内外包”，是在制造业现场一揽子承包厂内工作的合同形式。指订货方企业负责人将工作委托给厂内外包公司去做（如果是派遣合同形式，则订货方企业的指挥命令人员直接对派遣员工发号施令。相反，如果是厂内外包形式，则订货方企业委托厂内外包企业，而作业人员根据外包企业的指示工作，这是二者根本不同之处。最近，现实中揭露出来的“虚假外包”事件好像越来越多。“虚假外包”，披外包之皮，行派遣之实，只是签一份外包合同而已）。

据称，近年在制造业现场工作的厂内外包作业人员相当多。在制造现场，不雇佣正式职工而委托厂内外包公司，其原因是成本比较低，另外还可让工资支出变固定为浮动。然而，厂内外包是一把双刃剑，它既有有利的一面，也有不利一面。委托给厂内外包公司后，人员更替频次增大，熟练程度难以提高，而且从制造现场角度改进工作也会困难重重，这些都是不利的一面。长此以往，特别是后者会是一个大麻烦。

从笔者在生产工厂工作过的经验来说，仅仅按照标准化的图纸让物品在生产线上流动，算不上创造性工作。我们在制造现场开展各种改进活动，并将其反映到生产技术和设计当中，从而提高了效率和产品质量。例如，我们在生产现场开展过这样的活动，即在用模具制造产品的工序中，通过改进冲模精度减少树脂毛刺，削减下一道工序的打毛刺作业，以提高产品质量。当时，虽然没有从现场系统地给生产技术部门和设计部门反馈信息，但是笔者却认为“创造并不能光靠设计人员用CAD绘制完美的图纸。是制造现场高质量的劳动力，撑起了产品的高质量这一片蓝天”。虽然不能同样地观察所有的厂内外包，但还是可以总结出一些带有共性的结论。如前所述，降低成本、工资支出变固定为浮动的另一面，不是也存在因转换为厂内外包形式而造成的隐性损失吗？

如果站在工作人员的立场上看，自己的劳动让人家狠狠地杀价买来，既没有工作的动力，也难以提出改进方案，这是很容易想象出来的。有的企业放弃向厂内外包形式的转换，选择采用正式职工的方法，其实这大可不必，只要采购方企业有一些提高厂内外包公司工作人员动力的措施就行（例如，采购员的企业，公正地评估供应商职工的积极性和方案之类）。今后，对于采购员（或者采购员的企业）来说，合理地评估隐性因素（如除成本之外的因素，而成本是从表面上能看到的因素），构建与供应商的关系尤为重要。

第 4 章
提高竞争力的开发采购推行方法

4－1　开发采购的定义及重要性

据称，70% ～80% 的产品制造成本在开发阶段决定。 在开发阶段，开发部门、采购部门和供应商千方百计以更低的成本、更快的交货期，制造质量更高的产品，可以说这将决定企业的竞争力。 这里，将开发部门与采购部门同心协力在以下各阶段所开展的活动，称为开发采购。 这些阶段包括从开发新产品阶段，到选择购买规格和供应商阶段，以及决定成本阶段。

由于高科技化和产品生命周期缩短，所以重要的是企业不仅要发挥自己公司的技术特长，还要最大限度地发挥供应商的能力，尽快地将更具竞争力的产品投入

何谓开发采购

开发采购

||

将开发部门与采购部门同心协力在以下各阶段所开展的活动，称为开发采购。这些阶段包括从开发新产品阶段，到选择购买规格和供应商阶段，以及决定成本阶段

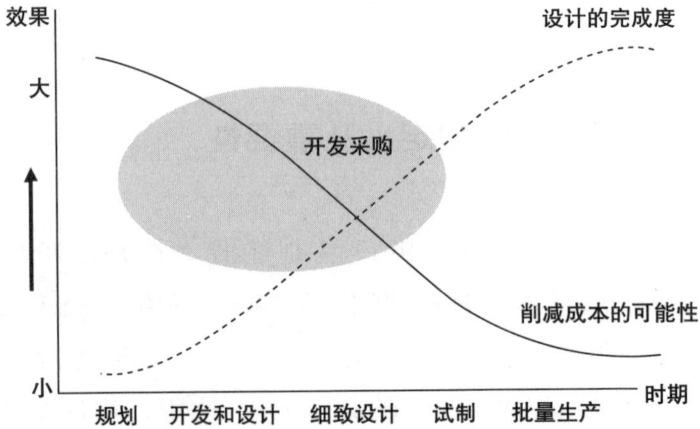

越是在规划、开发和设计阶段设计完成度较低的，降低成本的余地就越大

图 4－1

市场。

另外，欧美有一个术语，叫做 ESI（Early Suppler Involvement，供应商早期参与），它是指在更早阶段吸纳有技术能力供应商的创意，以降低成本、缩短开发周期。

新产品经过设计和开发、细致设计、试制、批量生产等阶段投入市场。在规划、设计和开发那样的初期阶段，设计完成度比较低，越往后设计完成度就越高。所以，越是后面的阶段，各种改进（成本、质量等）的余地就越小。因此，采购员从早期阶段就参与采购零件，便能够取得更大成绩（参阅图 4－1）。

4－2 开发采购的引入方法

支援工具、架构、人才是引入开发采购的三大法宝。

●支援工具

开发采购支援工具，包括①市场分析表（市场规模、供应商在市场上的占有率、供应商映射图的分析资料）；②本公司产品开发路线图（汇总了数年间自己公司产品开发计划的图表）；③供应商产品开发路线图（汇总了数年间供应商产品开发计划的图表）；④互换零件表（购买零件规格及互换零件一览表）；⑤成功实

三大法宝

法宝① 支援工具	●供应市场分析表 ●本公司产品开发路线图 ●供应商产品开发路线图 ●互换零件表 ●成功实例集或者创意集
法宝② 架构	●组织 ●目标 ●测定效果的方法 等
法宝③ 人才	●培养人才，使得他们能够整备并灵活运用支援工具 ●任用具有创造能力和工程背景的人才

图 4－2

例集或者创意集（开发采购引入的成功范例）。

●**架构**

开发采购的架构，包括设置开发采购的组织和目标，以及测定效果的方法等。

●**人才**

开发采购的人才，包括：①培养人才，使得他们能够整备并灵活运用开发采购所需的支援工具；②采购部门任用（或者从研究所等轮换）具有创造能力和工程背景的人才。更为重要的是开发采购必须起用沟通能力强、可信赖的人物，这是因为构建与开发部门和供应商的关系、充分发挥领导能力是取得成功的关键。

4-3 开发采购中采购员的任务

上一节概述了引入开发采购所需的人才。那么，为了顺利地实施开发采购，采购员要完成什么任务呢？

首先，要整备支援工具，诸如市场动向、本公司产品及供应商的开发路线图、互换表等。

此外，还要逐个品种地分析、评估供应商信息，与供应商谈判。即使不是开发采购，这些工作也是必须要做的。但开发采购有一个特点，在规格变化不定的状态下，项目总是改来改去，所以公司内外的沟通相当频繁、复杂。再者，从与供应商协商合同条件，到与供应

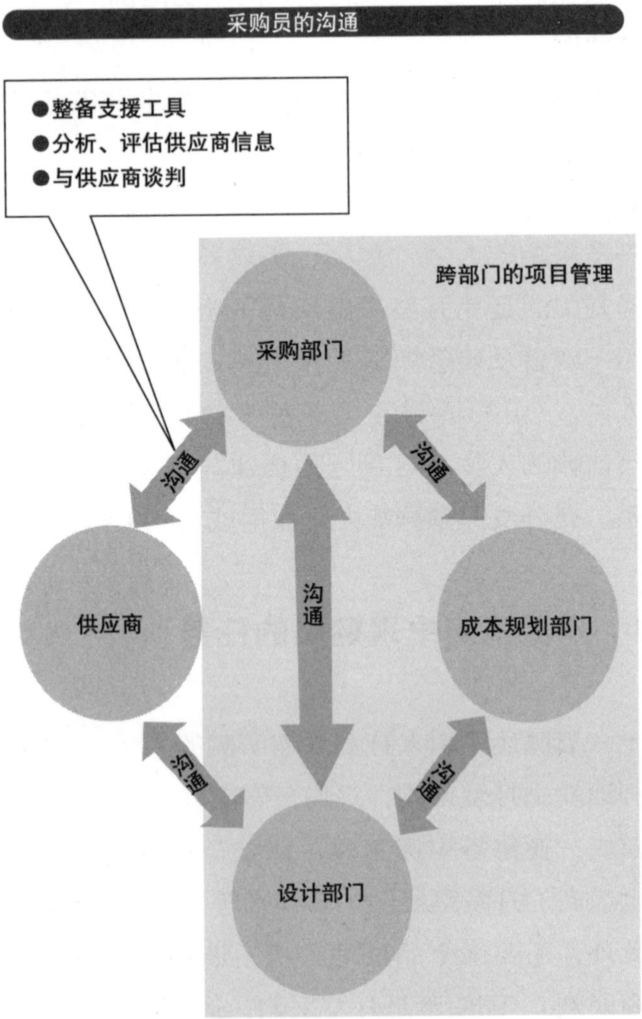
采购员的沟通
●整备支援工具
●分析、评估供应商信息
●与供应商谈判
跨部门的项目管理
采购部门
沟通
沟通
沟通
供应商
成本规划部门
沟通
沟通
设计部门

图4－3

商签订合同，也都是采购员的任务，而那些合同条件反映了法务部门、知识产权部门、设计部门的意见（知识产权的归属范围、价格、支付条件、交货条件、质保条件等）。

除此之外，有关开发采购案件的跨部门项目管理，也是采购员的任务。

事实上，迄今为止，在很多企业中，以上工作好像都是作为开发业务的一个环，由开发人员负责。 但是可以想象，如果越来越多的企业还从风险管理的观点，打算自开发阶段便系统地开展以上工作，那么开发采购中，采购员的任务就变得越来越重要了。

4－4　本公司及供应商的产品开发路线图

所谓产品开发路线图，是指表示数年间产品开发动向的图表。 推行开发采购的方法，大致可划分为本公司路线图主导型及供应商路线图主导型两大类。 所谓本公司路线图主导型，是指选择、确定配合本公司路线图供应商的方式，或者说服供应商配合本公司路线图开发产品的方式。 本公司拥有产品开发的关键——特定用途的装置时，采用这种方式。 自己开发 CPU、从供应商采购周边零件的产品开发方式就属于此类。

所谓供应商路线图主导型，是指根据供应商路线图

供应商路线图主导型范例

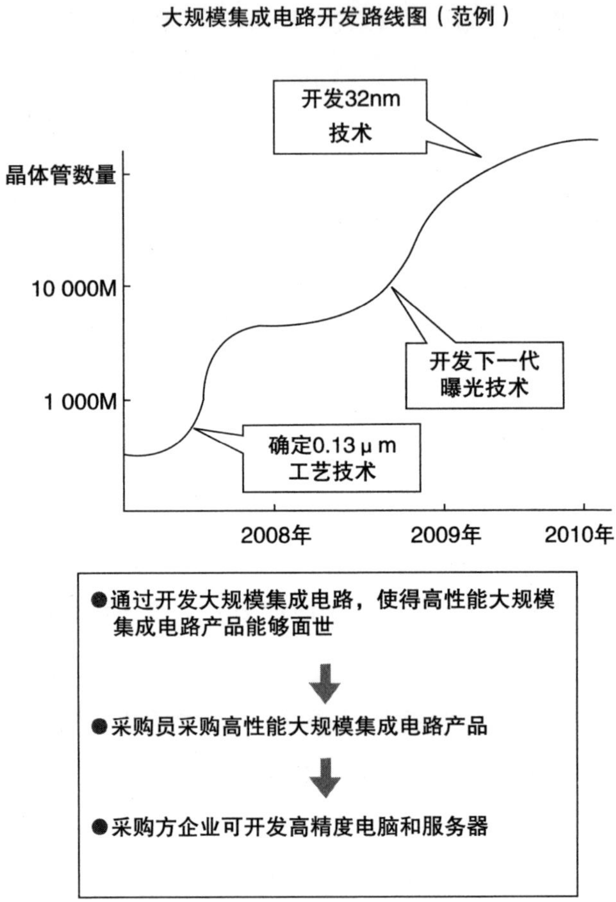

图 4－4

编制本公司产品路线图的方式。事实上，像视窗操作系统（Windows）的电脑那样，CPU 生产商拥有开发主导权时，要配合供应商（即 CPU 生产商）路线图形成采购方企业的路线图。

因为最终产品由多种产品构成，所以实际上几乎都是综合使用两种方式。

再者，除路线图之外，调查机构发表的资料和学会发表的资料也有效。此外，利用供应商对外披露的消息，调查开发体系、研发投资相关经营方针和将来重点投资领域也至关重要。无论选择哪一种方式，采购员都必须站在中长期的立场，收集、分析本公司路线图及供应商路线图，构建最佳合作关系。

4-5 开发委托的采购

为了弥补公司内部开发资源的不足，有时会外包设计和开发。这种委托设计和开发的工作，本来就是采购的领域之一，因而采购部门就是一个公司内外相互沟通的窗口，尽管如此，这项工作仍然未能引起足够的重视。

究其原因，有如下几个方面：①选择开发委托供应商，将强烈地反映开发部门的意图，采购人员自由处理的余地较小，而且难以定价；②不能像采购直接关系到损益的直接材料那样尽全力，也不能过多地参与开发委托的采购；③工作很费事，且无法评估。

最终产品的质量、成本、交货期，几乎都在开发阶

开发委托的课题

①供应商战略的课题

→ 判断是培养掌握核心技术的供应商，还是选择有过给其他公司实际服务案例的供应商，其技术经受过实践的考验

②成本效率的课题

→ 制成产品后的评估

③企业知识产权战略的课题

→ 决定获得的专利权等知识产权范围

④制造或购买（Make or Buy）的课题

→ 判断是外包，还是公司内部确保资源

图 4－5

段决定，可以说开发左右企业竞争力。因此，如何战略性地实施开发委托的采购，对于企业来说是一个重要课题。

另一方面，开发委托时，采购员经常被迫作出如下高水平的判断。

①判断是培养掌握核心技术的供应商，还是选择有

过给其他公司实际服务案例的供应商，其技术经受过实践的考验（供应商战略的课题）。

②制成产品后的收益（成本效率的课题）。

③决定获得的知识产权范围（企业知识产权战略的课题）。

④判断是外包，还是公司内部确保资源［制造或购买（Make or Buy）的课题：外包后可提高开发速度，但是也存在公司内部的技术空洞风险］。

如上所述，开发委托的采购要求高水平的判断，并将精力用在与公司内外的沟通上。但事实上企业并未培养能够这样做的采购人员。此外，如果考虑到确保因企业开发资源不足而派生出来的分工体系，即开发委托的采购，对于采购人员来说讲，今后就是一个富于挑战性的大舞台。

4－6　战略外包及开发采购

所谓战略外包，是指“有系统地与供应商构建良好的关系，对企业战略作出贡献”。这里，主要有两个观点：①让与供应商的关系对企业战略作出贡献；②有系统地处理。

①对企业战略作出贡献

前已述及，实施开发采购时，供应商从采购方企业

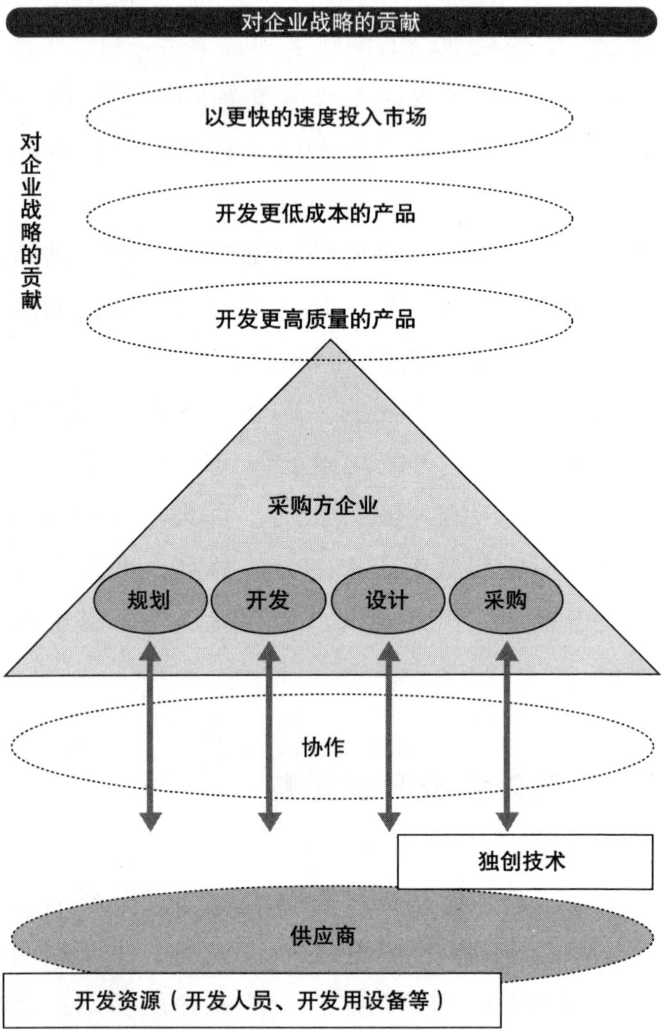
对企业战略的贡献
对企业战略的贡献
以更快的速度投入市场
开发更低成本的产品
开发更高质量的产品
采购方企业
规划
开发
设计
采购
协作
独创技术
供应商
开发资源（开发人员、开发用设备等）

图4－6

产品规划和设计阶段就参与其中，与采购方企业的设计、开发、采购员同心协力拿出创意进行设计。通过这种活动，采购方企业不仅弥补了自己公司开发资源（开发人员、开发用设备等）的不足，而且还能立即获得自己公司没有的技术，使产品以更低的成本、更快的速度投入市场，因而可以取得优势竞争地位。可以说，开发采购的供应商，是对采购方企业的战略作出贡献的合作伙伴。

②有系统地处理

开发采购对本公司产品的开发计划和市场营销有很大影响。因此，推动开发采购时，开发部门和市场营销部门、有时还包括高层管理人员，都需要有系统地处理。采购员是重要的组织中心，需要有能力与公司内外进行沟通。可以想象，在这个意义下，开发采购对于采购员来说是一个挑战，而且也是一个可以发挥能力的广阔天地。

专栏④　知识的供应链论 ~ 日本企业的创造 ~

这是20世纪80年代前一半时间笔者的亲身经历。当时，笔者在一家大型电机企业地方工厂担任采购员。那家大型企业的工厂委托当地小企业（以下称为“合作公司”）加工某产品。虽然没有资本关系，但是却给这家合作公司赋予了笔者所属公司分厂的地位。作为采购员，笔者也与公司的工程师一起参加合作公司的工艺碰头会，制订解决质量问题的方案和降低成本的方案。

当时，笔者请自己公司的工程师与合作公司的经办人员一起工作。这期间，合作公司经办人员超乎寻常的水平，给笔者留下了深刻的印象。或许是自己的偏见，但说老实话，起初见到连技术背景都没有的地方小企业经办人员，与动不动就是硕士或博士的高科技企业工程师水平的逆差，真是令人震惊。后来进一步仔细观察发现，因为合作公司的水平较高，所以就连笔者所属公司工程师本应承担的高水平工作，也都由合作公司的经办人员负责了。原来实际情况是这样的，合作公司的经办人员当初都担任过大型企业的工程师，以后慢慢地给合作公司积累了一些技巧，最后连工作也都调过去了。因此，人们可以想象，制造委托流程看似简单，其实蕴含着复杂的机制，这种机制一直无形地作用于知识的供应链，例如本来订货企业应该承担的知识性工作，也由合作公司代劳，而订货企业则将工程师资源转向更高技术水平的研发（这种机制作用于软件开发是很容易理解的。在软件开发中，知识产权供应链的运作是摆在明面上进行的。而在制造委托中，知识供应链也在运作，只不过它的形式是隐性的）。

创造，乍一看像是人工作业，但事实上这项工作只有通过长时间的沟通和工作人员的改进活动，才有可能取得可靠的成果。企业规模无论大小，优秀的供应商在与订货方长期的交易中，积累涉及创造的知识产权，除了在降低成本等表面上看得到的方面为订货企业着想之外，还在其他表面上看不到的方面为订货企业作出贡献。

归根结底，知识的供应链里隐含着表面上看不到的机制。可以想象，即便是评估供应商、构建供应商关系的方法，也应该引起采购员的高度重视。

第 5 章
提高生产率的采购系统

5－1　基础采购管理系统

5－1－1　ERP

所谓 ERP，是 Enterprise Resource Planning 的缩写，翻译成汉语就是企业资源规划管理，但一般来说，它是综合基础业务系统（一种信息系统）的同义词。所谓综合基础业务系统，是指在同一个数据库的基础上，在线运行人事、采购、库存管理、生产管理、会计等商业应用软件的系统（业务管理软件），如图 5－1 所示。以采购的验收数据为例，在采购系统及会计系统都独立的系统当中，按月从采购系统下载验收数据后，传送给会计系统。然而，因为 ERP 利用同一个数据库，所以采

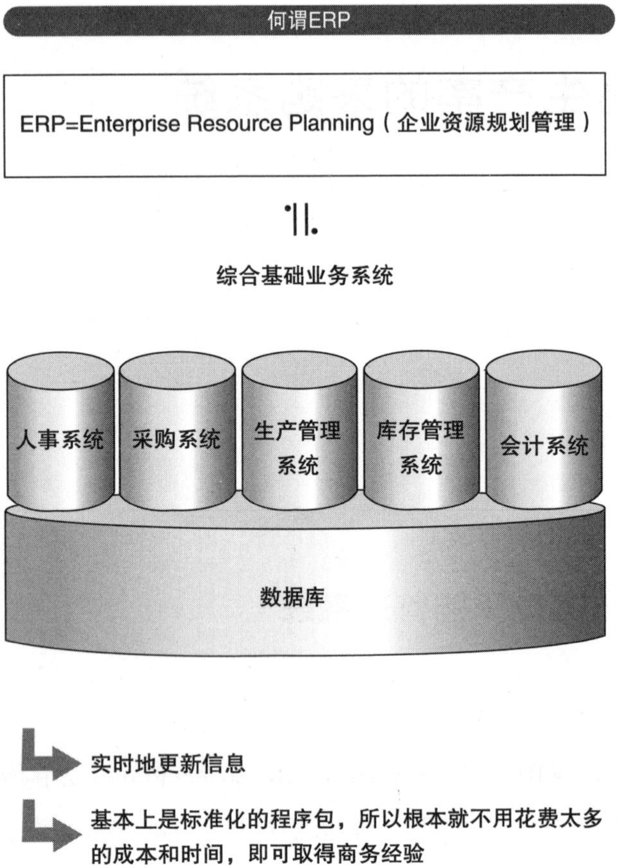

图 5－1

购验收数据可实时地反映到会计系统中。再以库存数据为例，由库存管理系统生成库存补充数据后，采购申请数据可实时地反映到采购系统中。如上所述，可以实时地更新信息，这就是 ERP 的第一大特点。此外，ERP 还有其他的特点，例如 ERP 是标准化的程序包，所以如果不进行企业特有的个性化定制，根本就不用花费太多的引入成本和时间，即可将先进的商务经验拿来武装自己的公司。但事实上，很多案例都是仅引入采购管理系统和会计系统之类的部分系统，或者为了配合本公司的流程而进行大规模个性化定制后再引入。特别是直接材料采购系统，与企业特有的生产管理系统密切相关进行联动，所以逐渐倾向于个性化定制后再引入。

5-1-2 SCM

把商品传递到消费者手里的流程，如果是制造业，就从零件供应商或者合作公司，经过本公司的生产线、营业部门，继续由销售店和零售店等传递给消费者，涉及多个企业和企业内部的部门，我们将这种流程称为供应链（供应联系）。因此，从起点（零件供应商或合作公司）到消费者的全流程，都提高物品及信息流动的效率，称为供应链管理（Supply Chain Management，缩写为 SCM）。SCM 的目的是打破企业和组织的界限，在全流程内优化库存，缩短从接受订货到交给消费者的前置时间，降低供应、物流成本。广义的 SCM 系统，包括供求管理、生产计划管理、接受订货管理、库存管理、物流管理、采购管理。另一方面，从库存管理系统、采购系统、接受订货管理系统等获得库存、前置时间、接受订货数据，预测需求，制订供求计划的计划类系统，有

何谓供应链管理

SCM = Supply Chain Management

||

从起点（零件供应商或合作公司）到消费者的全流程，
都提高物品与信息流动的效率

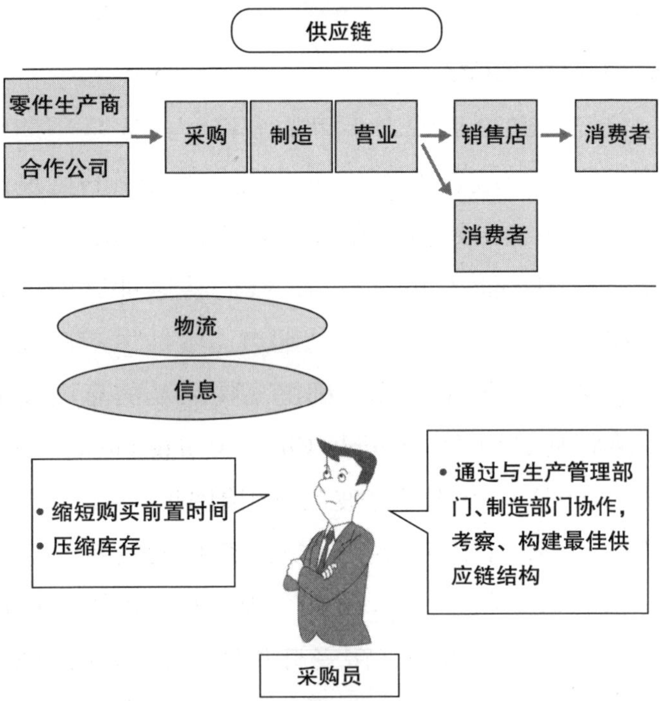

图 5－2

时也称为狭义 SCM 系统（见 5－2－2“需求预测系统”，103 页）。

采购员通过选择最佳供应商，从而可以为缩短购买前置时间、压缩库存作出贡献。另外，可以说与供应商及本公司的生产管理部门、制造部门协作，考察、构建最佳供应链结构，就寄期望于采购员了。

5－1－3 SRM

所谓 SRM，是 Supplier Relationship Management 的缩写。翻译成汉语就是与供应商的关系管理，但一般为数据分析与商业应用软件组合的统称。前者分析采购管理、外包、采购相关数据，后者用于评估供应商等（事实上，因供货的软件经销商不同，定义略有差异）。

企业通过与供应商构建最佳关系，可推动削减库存、降低成本、缩短前置时间，或者包括绿色采购的 CSR 采购。

综合管理采购方企业积累的数据，诸如质量数据、交货期数据、成本数据等，以及供应商信息，诸如供货能力、开发能力、技术能力、服务体系、质量管理体系、环保措施、财务信息等，以与供应商构建最佳关系为目的的系统，称为 SRM 系统。

例如，积累采购业务中每天发生的事务处理数据，分析供应商的商品质量和服务质量、如期交货状况、成

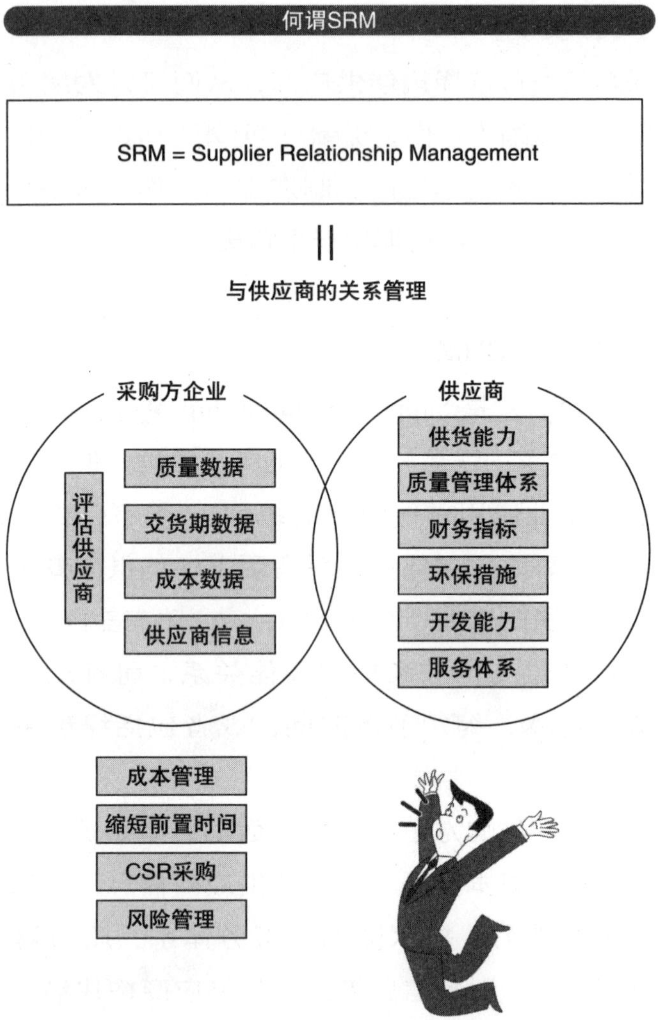
何谓SRM
SRM = Supplier Relationship Management
与供应商的关系管理
采购方企业
评估供应商
质量数据
交货期数据
成本数据
供应商信息
供应商
供货能力
质量管理体系
财务指标
环保措施
开发能力
服务体系
成本管理
缩短前置时间
CSR采购
风险管理

图5－3

本等，以评估供应商，并根据评估结果进行采购。

通过这一系列的活动，可以加强与供应商的良好关系，因而能够继续推动企业进行供货风险管理、削减成本等。

5-1-4 电子招标系统

将以往国家和自治团体等供应中所实施的招标结构，移植到电子平台上的系统，称为电子招标系统。所谓“招标”，正如名称“竞价”所揭示的那样，是指如下结构：

①订购方企业向供应商提交招标规格明细书，该规格明细书中记载购买品名、购买规格、购买数量、交货地点、检验条件、答复日期等采购条件。

②供应商给订货方企业回复。

③订货方企业从多个已回复的供应商中，决定满足招标条件且价格最低的供应商。

所谓电子招标系统，是指采购方企业将上述采购条件显示到电子系统上，而供应商则在系统上投标的系统。与下一小节将要介绍的逆向拍卖不同，供应商看不到其他竞争对手的价格。此外，仅有一次出价机会。因为是招标，所以只要满足条件，出价最低的供应商就中标（接受订货）。

有些购买品种有时并不适合电子招标系统，如规格

电子招标系统概要

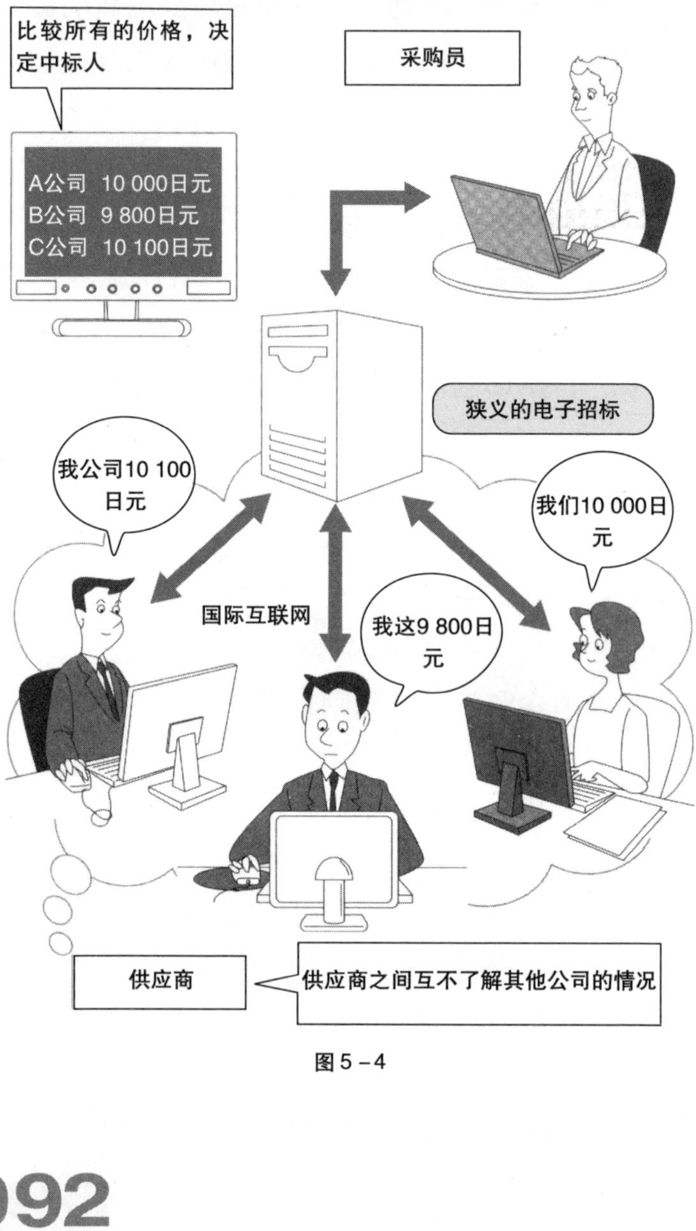

图5－4

变化不定的新开发产品。可以说，下一小节将要介绍的逆向拍卖系统也存在同样的情况，这就要求采购员了解电子招标系统的优缺点，选择适合该系统的采购品种，选择待定供应商。

5-1-5 逆向拍卖

采购方企业将采购条件显示到系统上，供应商在系统上给采购方企业回复价格，在这方面逆向拍卖与电子招标相同。但是，逆向拍卖有一个特点，那就是在系统上随时可以看见其他竞争对手的价格，并且在限定时间内能够多次出价。因此，快要到限定时间的时候，价格有大幅度降低的趋势。

对于采购方企业来说，不依赖于采购员个人的能力，就可以尽早让供应商报出最低价格，这是逆向拍卖的优点。另一方面，它也存在一定的缺点。例如，难以参考除价格以外的因素来选择供应商，只关注短期价格因素无法与供应商构建中长期关系。

使用前一小节介绍的电子招标及逆向拍卖时，需要注意以下三点：

①在某种程度上能够保证质量的前提下，可以仅靠价格条件来选择供应商，电子招标和逆向拍卖应当以这样的采购品种为招标和拍卖的对象。

②应事先向供应商散发大纲，召开说明会。

逆向拍卖概要

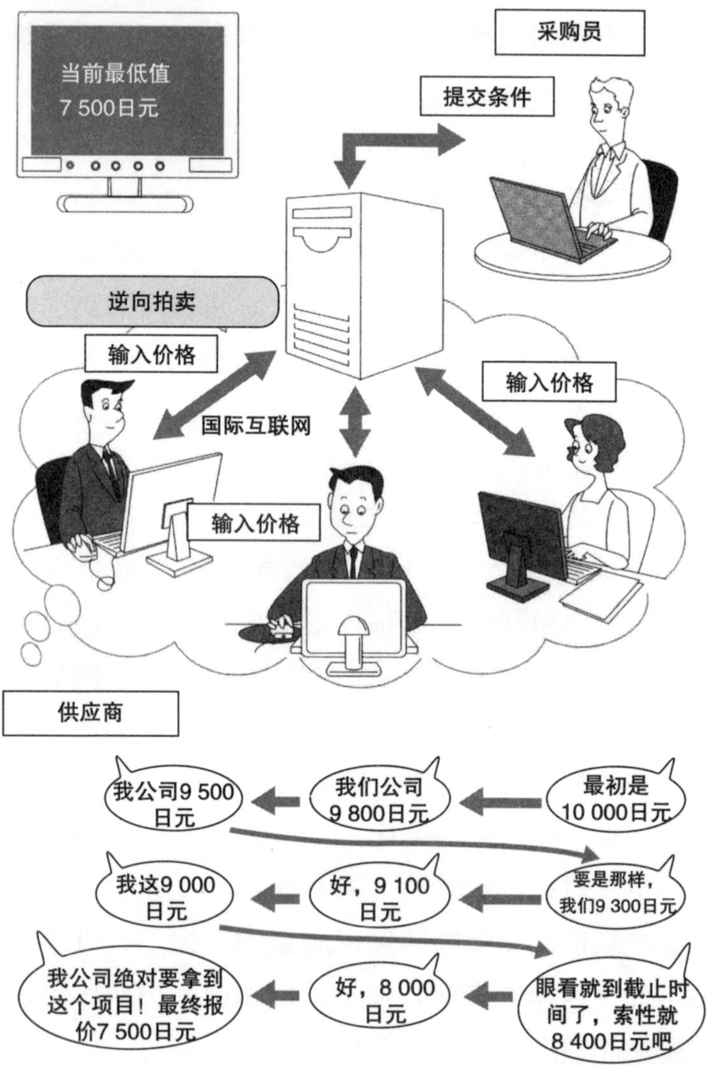
当前最低值
7 500日元
采购员
提交条件
逆向拍卖
输入价格
国际互联网
输入价格
输入价格
供应商
最初是
10 000日元
我们公司
9 800日元
我公司9 500
日元
要是那样，
我们9 300日元
好，9 100
日元
我这9 000
日元
眼看就到截止时
间了，索性就
8 400日元吧
好，8 000
日元
我公司绝对要拿到
这个项目！最终报
价7 500日元

图5－5

③要适当地选择募集参加逆向拍卖供应商的方法（根据不同情况进行募集。例如，有的品种公开招募供应商，有的品种则限定为具备一定条件的供应商等）。

5－1－6 e－RFQ

所谓 e－RFQ，是 electric Request for Quotation 的缩写，翻译成汉语就是电子询价系统。这是一套在网络上向供应商询价，并对其进行评估的系统，它可不是仅将以往利用传真和电子邮件提交询价单并收取评估结果的工作，拿到电脑上来完成那么简单。

e－RFQ 系统有如下特点。

①采购类别或者采购条款与被询价方关联

在 e－RFQ 系统上，每一类别或者条款，都关联了推荐供应商，询价时会一个不落地、准确无误地将询价单自动发送给推荐供应商。因此，可以避免选择时出现失误，而以往这些失误大多起因于各采购员随意而为或者能力不足。

②报价明细比较

在 e－RFQ 系统上，可自动比较每一份报价明细。因此，采购员在系统上能够获得必要的数据，以便在验证报价是否妥当、进一步讨价还价时使用。

③包括非价格因素的评估

在 e－RFQ 系统上，可以综合评估除价格之外的因

e-RFQ概要

供应商A
供应商B
报价
询价
报价
询价
国际互联网
采购方企业
输入采购信息
报价明细比较
A公司
B公司
材料费
1 000
900
加工费
2 000
2 100
管理费
300
240
合计
3 300日元
3 240日元

图5－6

素（交货期、质量等）及价格因素。e－RFQ 系统并非简单地利用价格进行比较，而是可以用于综合评估，其中包括交货期和质量。

如上所述，e－RFQ 系统是实用的工具，但是报价明细格式因企业而异，所以引入时需要个性化定制，或者按采购类别更改报价格式。

5－1－7 ASP

所谓 ASP，是 Application Service Provider（应用服务供应商）的缩写。

与库存管理系统和生产管理系统相同，采购系统一般都由采购方企业自己出资建设。但如果是 ASP 方式，则电脑软件和硬件，ASP 供应商都提供，而且还负责维护。因此，采购方企业无须出资购买采购管理系统，只需支付系统使用费，就可以使用采购管理系统的基础设施。

综上所述，使用 ASP 有如下几个优点：

①初期投资少。

②公司无须雇佣维护采购系统的信息系统人员。

③因为是标准化的系统，所以特别是企业并不精通采购管理系统时，效率也可以超过一定水平，并且具备控制功能。

另一方面，使用 ASP 也有缺点，例如几乎没有可能

ASP概要

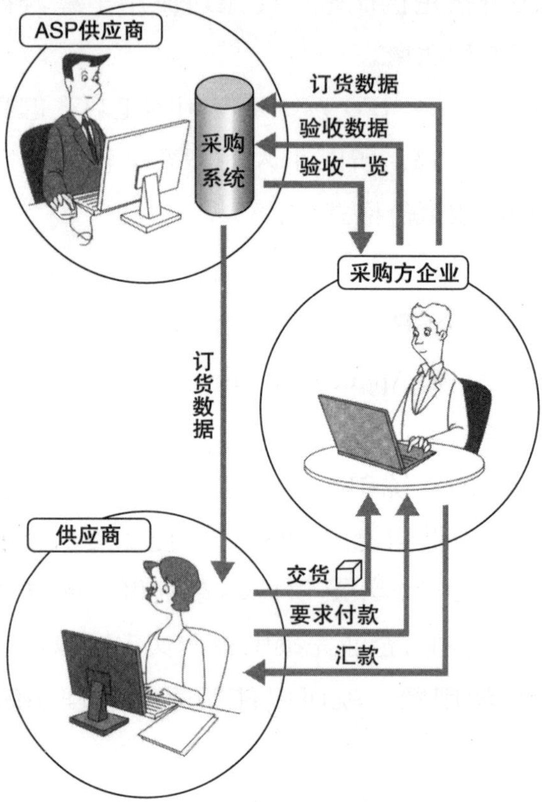

●利用ASP的优点	●利用ASP的缺点
• 初期投资少 • 无须雇佣系统维护人员 • 可以使用具有超过一般水平的功能	• 无法个性化定制

图5－7

个性化定制，所以不适合自己有独特采购流程的公司。

因此，几乎不会适用自己公司制造按客户需求定制的直接材料购买系统，而是适用像办公用品和 MPO 那样的标准化更先进的间接材料购买系统。

5－2　与采购系统合作的系统

5－2－1　生产管理系统（MRP、MRPⅡ）

●MRP

所谓 MRP（Material Resource Planning），是指物料资源计划系统。也就是说，使用 MRP 来计划生产时在哪个时刻需要多少数量。具体来说，计算零件需求量后，从该需求量当中减去库存数量及订货剩余数量所得零件数量，就是各零件采购申请数量。下面，介绍 MRP 与采购的关系。

①采购员利用 MRP 系统输出的采购申请数据编制订货单，并提交给供应商。

②采购员将与供应商所议定的购买零件前置时间信息，反馈给生产管理人员。

③生产管理人员通过更新 MRP 上的前置时间信息，可以编制正确的物料资源计划。

●MRPⅡ

相对于 MRP 这个物料资源计划，MRPⅡ（Manufac-

MRP及MRPⅡ

MRP = Material Resource Planning

||

物料资源计划

管理料件种类、数量、交货期

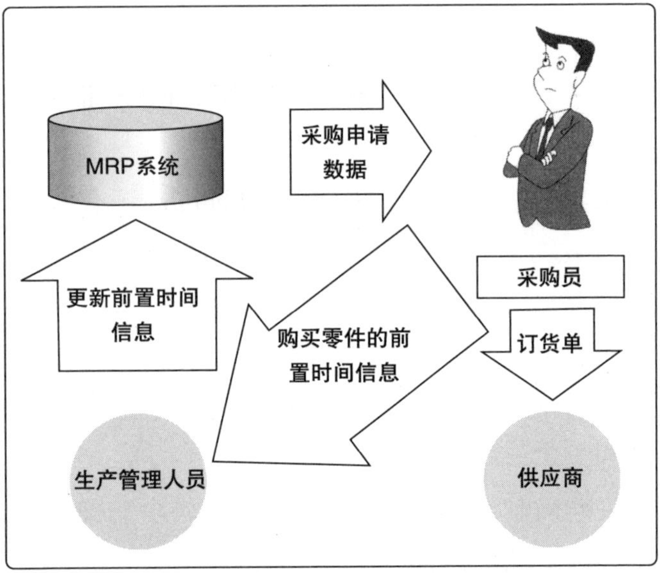

MRPⅡ = Manufacturing Resource Planning

||

生产计划

管理设备能力、人力资源、库存费用、采购费用

图5－8

turing Resource Planning，制造资源计划）是一种不局限于管理物料资源计划，还用于管理除此之外的制造所需资源的系统。具体来说，该系统除了管理物料资源计划之外，还综合管理制造所需设备能力、人力资源、库存费用、采购费用等。

也可以说，MRPⅡ是一种管理制造所需各种资源（resource）的系统，它包含 MRP 材料管理功能。

5-2-2 需求预测系统

所谓需求预测系统，是指根据影响需求的多个因素与需求的关系，预测将来需求，并计算出最合适产量的系统。精度较高的需求预测，能计算出最合适的产量，其结果，向供应商订货的数量也是最合适的。也就是说，不是停止供货，而是可以维持最小限度的库存数量。

在需求预测系统中，基本上是根据历史出厂数据、销售额数据、库存数据等与主要外部因素的关系来预测需求。历史出厂数据、销售额数据、库存数据等，可以从销售管理系统和库存管理系统取得。外部因素包括以下几点，综合历史数据后，就可以计算需求预测。

①季节变动因素

像写字楼到了夏天、电脑销售到了入学阶段那样，需求因季节更替而出现波动的案例即属此类。

需求预测系统概要

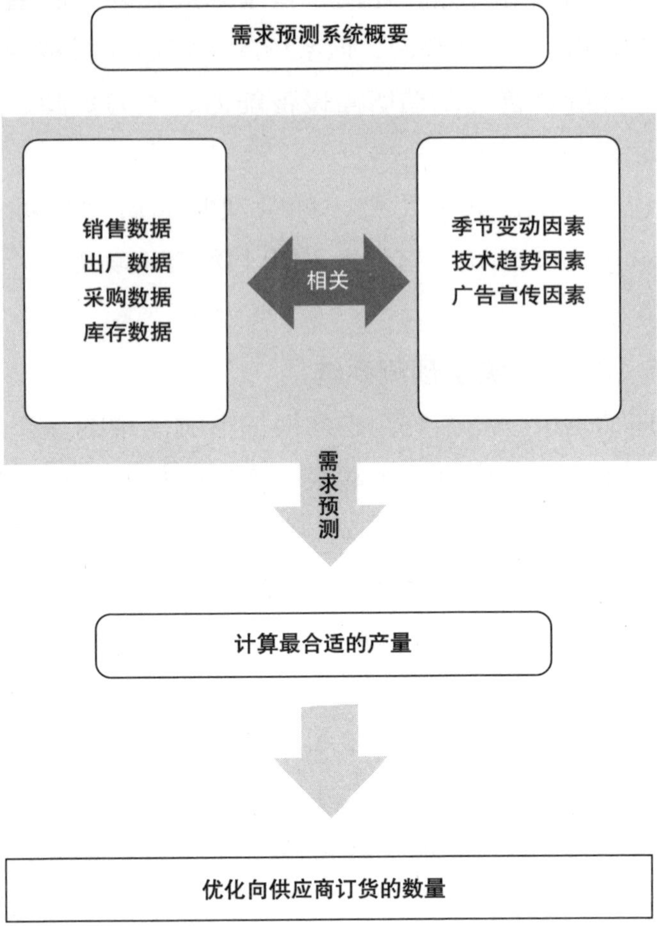

图5－9

②技术趋势

像 D－RAM 那样，需求因电脑配置的新操作系统销售数量、销售时间变化而出现波动的案例即属此类。

③文娱活动和商业广告

需求因组织文娱活动、发布商业广告而出现波动的案例即属此类。

如上所述，需求预测系统根据所积累的历史销售数据、出厂数据与外部因素的关系，预测将来的需求。 计算历史数据与外部因素相关，使用多变量解析方法，如采用回归分析的方法等。

5-2-3 库存管理系统

库存管理与生产管理、采购管理和财务管理密切相关。 最小化库存，可改进资产负债表，但是也要承担因零件不足造成停产，导致丧失销售机会的风险。 相反，一批大量订货以低价供应，可以提高效益，但此时也要承担库存增大、库存陈旧的风险。

库存管理系统有以下功能。

①库存补充功能

库存管理系统的第一个功能，是库存补充功能，即在定量订货方式和定期订货方式（将在本书第 6 章详细介绍）中，需要补充库存时，由库存管理系统自动发送采购要求数据给采购系统。 在 ERP 系统上，库存管理系统与采购系统基于数据库关联。 因此，库存补充数据就实时地成为采购申请数据，用该采购申请数据与采购

库存管理系统概要

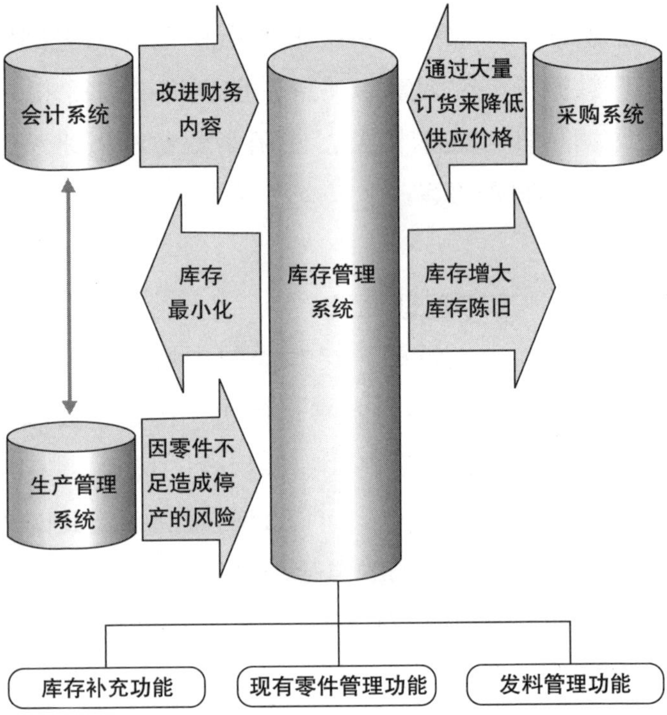

●需要补充时自动申请采购的功能

●管理仓库内库存零件品种和数量的功能

●管理从仓库发放出去的零件名称、发料时间、发料数量、领取部门的功能

图 5－10

系统上的采购品种原始资料对比，自动生成订货数据，然后向供应商订货。

②现有零件管理功能

库存管理系统的第二个功能，是现有零件管理功能（或者库存资产管理功能）。所谓现有零件管理功能，是指管理仓库内库存零件品种和数量的功能，它可以作为会计方面库存资产金额的基础数据使用，还可以在期末库存盘点时，作为现有零件管理台账使用。

③发料管理功能

库存管理系统的第三个功能，是发料管理功能。所谓发料管理功能，是指管理从仓库发放出去的零件名称、发料时间、发料数量、领取部门的功能。该发料数据，作为发生费用数据反映给会计系统。

5-2-4 CSM

所谓CSM（Component Supplier Management，零件和供应商管理），是一个努力优化零件和供应商管理的概念。企业从各供应商采购各种零件，组装后作为最终产品销售给顾客，而综合管理采购零件信息和供应商信息的系统，就是CSM系统。

将零件生产商名称、供货商名称、零件编号、规格、材质、形状、价格、有害物质信息等数据存入CSM系统，让开发和设计部门等公司内部各相关部门与采购

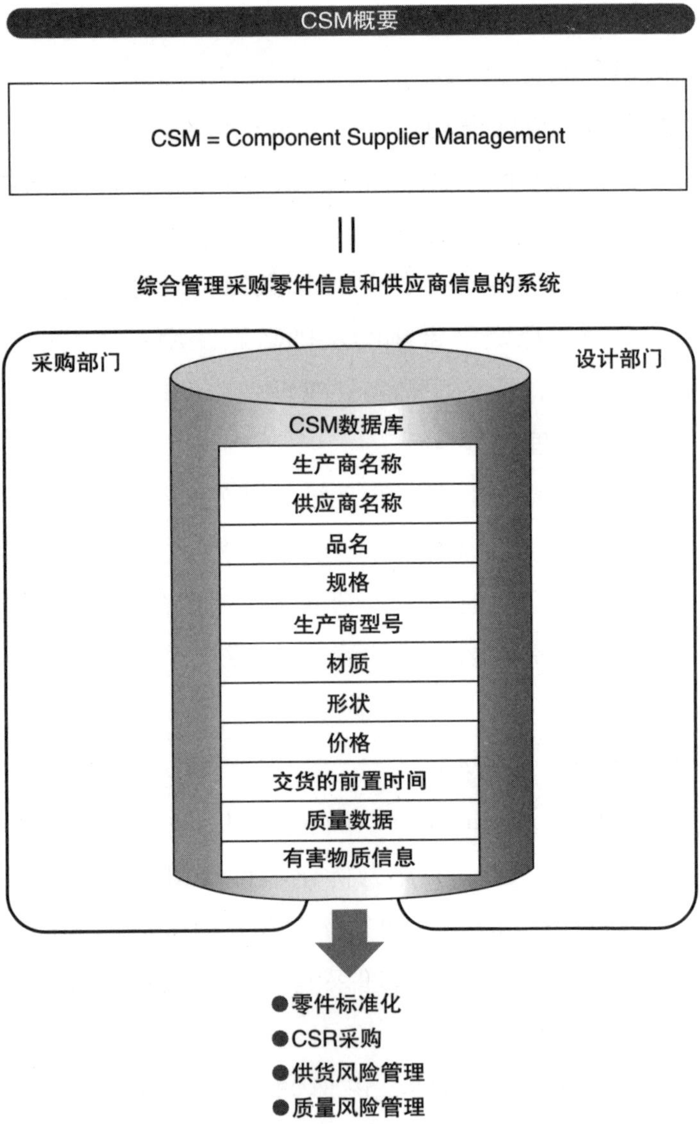
CSM概要
CSM = Component Supplier Management
综合管理采购零件信息和供应商信息的系统
采购部门
设计部门
CSM数据库
生产商名称
供应商名称
品名
规格
生产商型号
材质
形状
价格
交货的前置时间
质量数据
有害物质信息
●零件标准化
●CSR采购
●供货风险管理
●质量风险管理

图 5－11

部门共享，可对零件实施通用化和标准化。这样一来，便能够进行品种整合或者零件标准化、削减成本。此外，以有害物质管理为例，根据2006年7月起执行的RoHS指令（Restriction on Hazardous Substances，限制在电子电气产品中使用特定有害物质的指令），含有6种化学物质（铅、汞、镉、六价铬、多溴联苯、多溴二苯醚）的电子电气产品禁止出口到欧盟，将零件中是否包含这些有害物质的信息输入到CSM系统，设计时用于选择零件，采购时用于供应商管理，从而可以综合管理产品信息，诸如质量和交货期、环保措施等。

CSM系统全公司共享，综合统一管理供应商数据，采购部门等零件供应相关部门便可以对开发采购作出贡献，实施质量、供货等的风险管理。

专栏⑤　规则和灵活性～采购业务的今昔～

下面有关采购员理想状态的故事，是从一个熟人那里听来的。

某风险投资企业的业务员，给一家大型制造企业的采购员打电话，以介绍产品为由要求面谈，结果那个采购员只问了问风险投资企业的电话号码及邮箱地址，便答复说以后联系。他说，这位采购员挂断电话后，在网络上调查那家企业的信用状况，30分钟后便发了一封谢绝面谈的邮件。因为那家企业不符合根据J－SOX法制定的标准，所以这位采购员马上就作了决定。

可以想象，有此言行的采购员最近好像越来越多。

其背景有两个：一个是在网络上可以获得大量信息；另一个是要求采购员严格地应用为数不少的规则。二者都有积极的一面，但是它们相互结合，使采购员工作量增大，反应带有成见，这也是实际情况。与新开张的风险投资企业交易存在失败的风险，但另一方面，与拥有技术的风险投资企业交易，有时可以将竞争对手没有的产品投入市场。在这种意义下，光凭调查公司的判断就机械地舍弃，对于采购方企业来说，有时也会丧失很多机会。前面以与供应商的关系为例进行了说明，然而在与公司内部人员交换意见时，如果也采用同样的工作方法，那么可以很容易地想到，这个采购员将难以胜任有一定深度的工作（这是因为最终用户——设计人员和开发人员，不会向这样的采购员讲述自己的难题和真心话）。

印象当中，信息增多和大量规则抑制了采购员的业务。相比以前，更多的东西都浮于表面。很多公司主管都相信，与10年前相比，采购业务有了显著的进步，但是笔者却认为，进步和退化各占一半吧。

第 6 章
生产管理和物流管理的联动

6－1　生产管理的一环——采购管理

6－1－1　准时生产（JIT）

所谓准时生产（以下称为“JIT”），是一种经营方法，指在需要的时间按需要的数量提供需要的零件。下一小节将要介绍的布告牌方式，是实现 JIT 的工具之一。

此外，相对于推动系统（按照日程表生产品种的结构），JIT 也称为拉动系统（上游工序不足的部分在补充时生产的生产结构）。对于采购方企业来说，引入 JIT 的优点，是可以通过在需要的时间按需要的数量接收需要的零件，极大限度地减少自己公司的库存资产。

引入 JIT 时，采购方企业与供应商必须构建密切合作

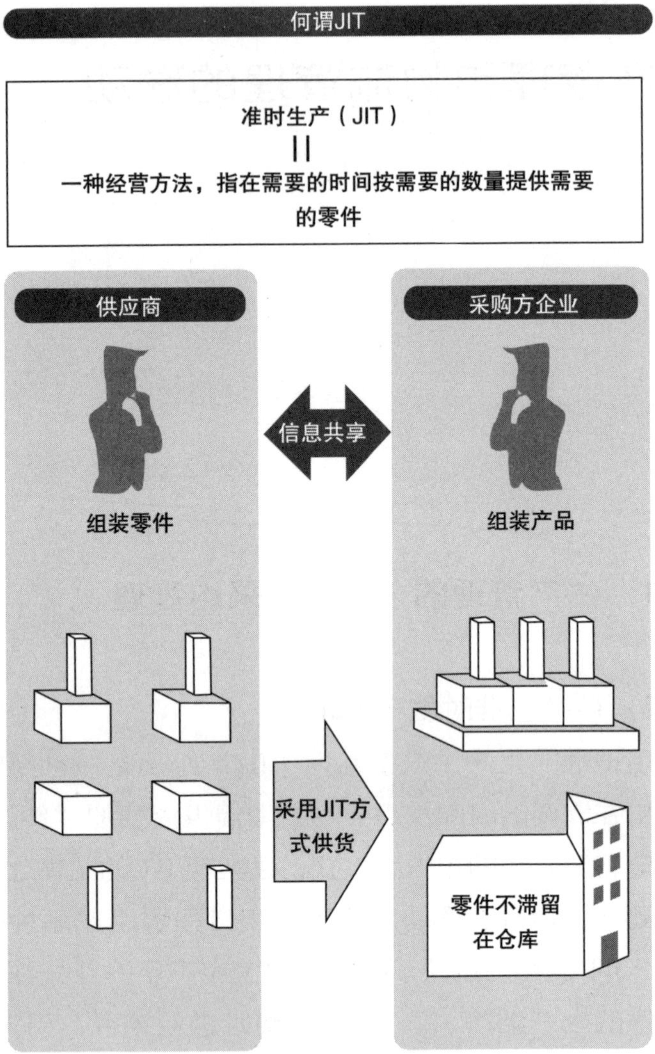
何谓JIT
准时生产（JIT）
||
一种经营方法，指在需要的时间按需要的数量提供需要的零件
供应商
采购方企业
信息共享
组装零件
组装产品
采用JIT方式供货
零件不滞留在仓库

图6－1

关系，如双方共享信息等。

另外，还有比 JIT 更先进的订货方式，即 VMI 方式（Vendor Managed Inventory，供应商管理库存方式）。所谓 VMI，是这样一种管理方式，采购方企业将自己公司的需求预测和生产计划提交给供应商，供应商主动准备库存零件，以免采购方企业库存断货。

引入 VMI 方式时，采购方企业可以负责领取库存零件，也可以不负责领取库存零件。在任何一种情况下，都必须事先与供应商签订有关 VMI 的合同，明确双方责任。

6－1－2　布告牌方式

如上一小节所述，布告牌是支持 JIT 的一种方式。

所谓布告牌方式，是指到上游工序去领取下游工序所使用的零件，上游工序制造、补充被领走的零件。布告牌方式所需工具，由用于放入零件进行运送的集装箱及集装箱所附带的布告牌组成。布告牌方式是生产管理方式之一，布告牌附在集装箱上，与集装箱一起移动，并被当做生产指令和领取指令要点，“布告牌方式”由此得名。

下面，介绍供应商与采购方企业之间的关系。

①供应商将布告牌上指示的货物与布告牌一起交到采购方企业仓库。

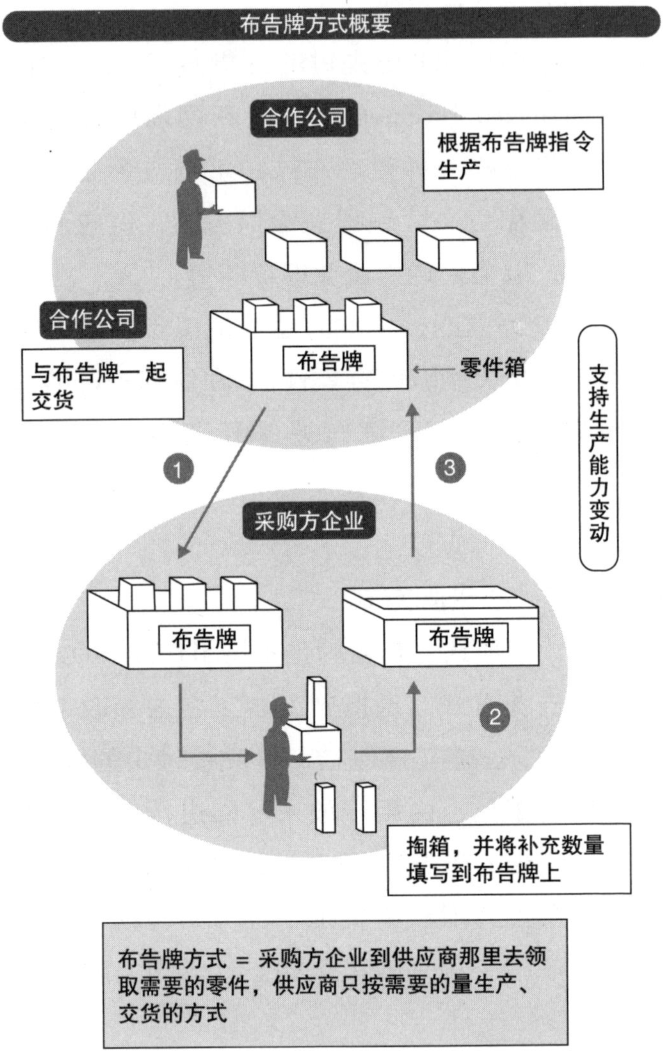
布告牌方式概要
合作公司
根据布告牌指令生产
合作公司
与布告牌一起交货
布告牌
零件箱
支持生产能力变动
1
3
采购方企业
布告牌
布告牌
2
掏箱，并将补充数量填写到布告牌上
布告牌方式 = 采购方企业到供应商那里去领取需要的零件，供应商只按需要的量生产、交货的方式

图 6－2

②采购方企业掏箱，将应该补充的数量等填写到布告牌上。

③供应商带回布告牌和箱子，然后根据布告牌上记载的指令生产。

采购方企业的生产发生急剧变化和供应商的供货能力超限时，布告牌将发挥调整的威力。此外，在采购方企业与供应商之间有长期且稳定的关系，采购方企业的生产与供应商的生产紧密相连的情况下，布告牌方式便会发挥作用。引入布告牌方式时，采购方企业也必须与供应商有密切合作关系。

6－1－3　BOM

所谓 BOM，是 Bill of Material 的缩写，也称为物料清单。它是指列出制造最终产品（或者成品）所需零件种类及数量的单据。最终产品由若干种零件构成，如图 6－3所示。这些零件有公司内部装配的，也有从外部购买的。对于采购员来说，BOM 在以下两个方面尤为重要：①批量生产时，购买零件的需求计划；②与开发采购配合。下面，介绍 BOM 与采购员的关系。

①需求量计划

本书第 5 章介绍的 MRP，是计算制造最终产品所需零件种类、时间、数量的系统。其计算的基础——零件数据就是 BOM。

何谓BOM

BOM = Bill of Material

||

列出制造最终产品所需零件种类及数量的单据

||

物料清单

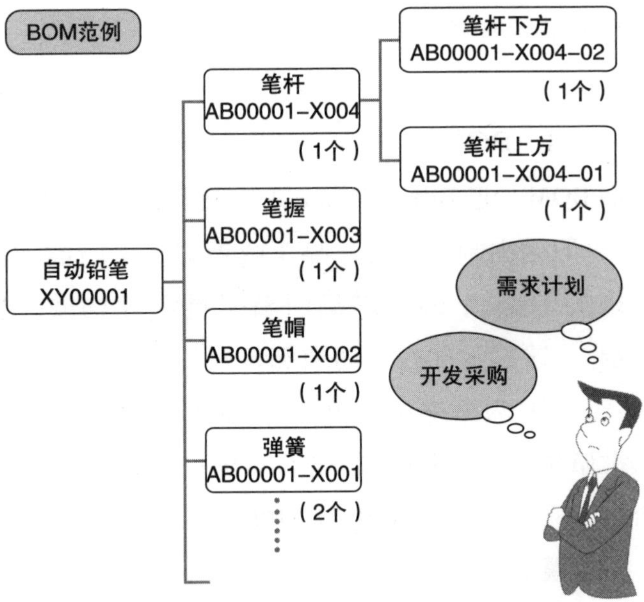

图6－3

②与开发采购配合

参与开发采购的采购员，从产品开发阶段，便与设计人员和供应商共同讨论零件标准化和零件整合，进行成本管理。 可以这样说，在开发采购中，采购员负责编制 BOM 的一端。

具体来说，通过给供应商提供新产品设计阶段的 BOM 信息，采纳零件模块化和零件标准化的方案，采购方企业便可以开发出更好的新产品。

6 –1 –4　工序管理及前置时间

如本书第 1 章所述，生产管理人员使用生产管理系统，计算出生产所需料件及其数量。 接下来，比较料件信息和库存信息，计算料件交货时间和数量。 对照该信息及购买料件的标准前置时间，可以计算出最佳订货时间。

采购零件的前置时间，包括以下几种类型。

①订货前置时间

从申请部门申请购买开始，到采购部门订货为止的天数。

②交货前置时间

从采购部门订货开始，到供应商交货为止的天数。

③检验前置时间

从供应商交货开始，到质量管理部门检验结束为止

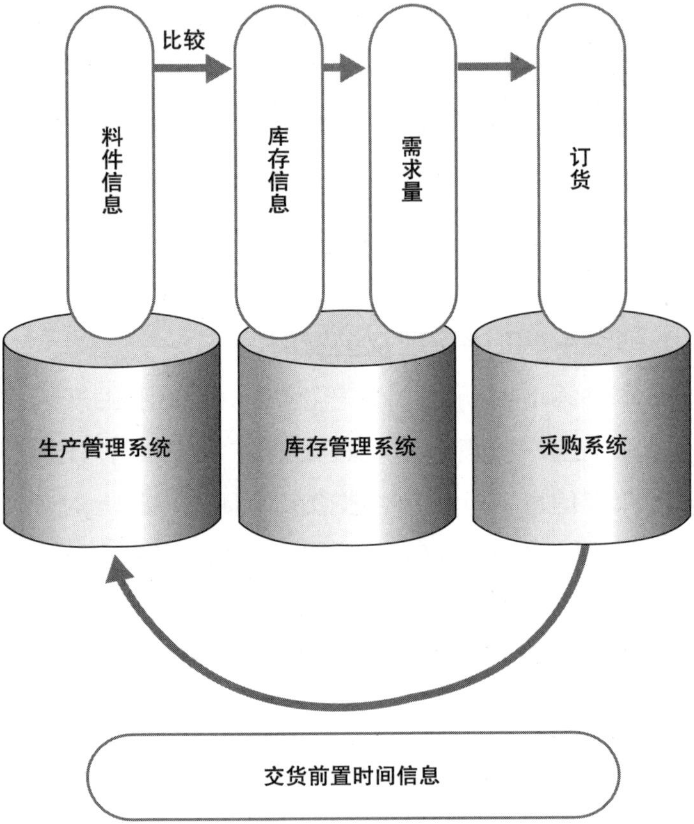

图 6－4

的天数。

本书中，将上述第②类交货前置时间，定义为采购零件的前置时间。采购员与供应商逐条商谈、决定料件的前置时间，并通报给生产管理人员。生产管理人员，将此结果输入到生产管理系统。

采购方企业采取一些措施，可以缩短标准前置时间，诸如与供应商共享生产计划、从零件生产商采购长交货期零件（以往一直由供应商采购）后提供给供应商等。

6－2　与现金流转有直接关系的库存管理方法

6－2－1　存货的 ABC 分析

所谓存货的 ABC 分析，是一种重点管理存货的方法。ABC 分析的步骤如下。

首先，按照金额从多到少的顺序，重新排列每一个存货品种。接下来，选取品种数量及金额的累计数（图 6－5）。

归入 A 类的品种，数量在整体中所占比例较小，为 10%，然而金额却是整体的 70%。

归入 B 类的品种，数量是整体的 20%，金额也是整体的 20%。

归入 C 类的品种，数量在整体中所占比例较大，为 70%，然而金额却是整体的 10%。

归入 A 类的存货品种，数量少，但金额大，所以重点管理该品种，可以不负众望，达到事半功倍的效果。

ABC分析范例

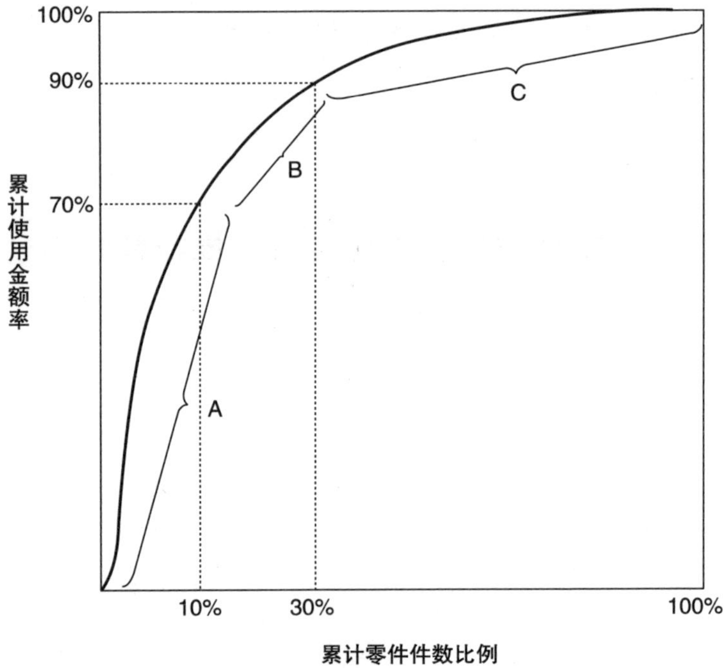

图6－5

归入 C 类的品种，数量多，但金额小，所以尽量不要为管理这类品种花太多的精力，这一点至关重要。

存货管理，很多企业都是由生产管理部门负责，但是采购员必须了解 ABC 管理方法等库存管理方法，其原因如下：

- 引入寄售库存方式和 JIT 时，有时通过与供应商协作改进库存管理方式。
- 有时需要指导供应商的库存管理方式。

6－2－2 定量订货方式

所谓定量订货方式，是指当库存数量低于一定水平时，即马上就要断货时，按预先设置的订货数量订货的方式。在定量订货方式中，订货点取决于平均使用量、交货前置时间以及安全存量（图 6－6）。

在定量订货方式中，订货数量是一定的，但订货时间却变化多端。在这种方式中，根据每天的平均发料量、平均交货前置时间（从订货开始到交货为止的天数）及安全存量，来计算订货时间。

下面举例说明。设存货 A 零件平均每天使用数量为 5 000 个、平均前置时间为 5 天。那么，A 零件库存数量为 5 000 个 × 5 天 = 25 000 个的时刻，基本上就是订货时间，但是为了防备需求量急剧增加，还要多算出几天的富余量。多算出的富余量称为安全存量。假设安

何谓定量订货方式

（范例）

Ⓐ平均使用数量（每天）=5 000个

Ⓑ平均交货前置时间=5天

订货点为多少个?

Ⓐ5 000个×Ⓑ5天=25 000个

＋

安全存量（如果是1天的量）5 000个

‖

30 000个（订货点）

如果库存降到30 000个（6天的量）则订货

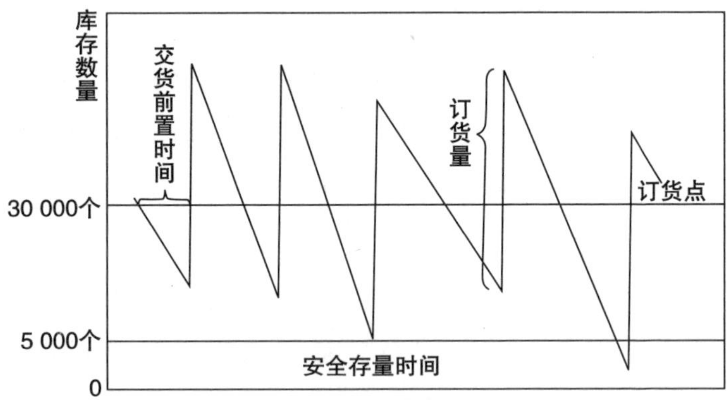

图6－6

全存量为 1 天的使用数量，则安全存量为 5 000 个，因此加上 A 零件的安全存量后，订货点为

5 000（个／天）×5（天）+5 000（个／天）×1（天）=30 000（个）

每天的使用数量 × 交货前置时间 + 每天的发料数量 × 安全存量天数 = 订货点

采用定量订货方式后，A 零件库存降到 30 000 个的时刻就是订货点。 因为方法简单，所以定量订货方式适合单价较低的品种和通用性较高的品种。

6－2－3 定期订货方式

所谓定期订货方式，是指定期计算库存数量和订货剩余量，以决定订货量的方式。 因此，对比上述定量订货方式，订货时间是一定的，但订货量每一次都不同。

定期订货方式，每一次计算订货量后都订货，以补充库存，所以很小的需求量都可以得到满足，还能够最小化库存金额。 因此，定期订货方式适于管理重要程度高的大额产品、因季节因素等影响需求急剧变动的品种，或者易于陈旧的品种等。

相比定量订货方式，定期订货方式操作起来更麻烦，有管理费时费力的缺点。

在本章存货的 ABC 分析（见 6－2－1“存货的 ABC 分析”，117 页）中曾讲过，关键是选择管理方法，A 类

何谓定期订货方式

定期订货方式＝ 定期计算订货量并订货的方式

优点　适于最小化库存金额

缺点　每一次都计算订货量，所以管理费时费力

图 6 –7

为重要品种，即使费时费力也要重点管理，而 C 类为重要程度较低的品种，尽量不要花太多的精力。 从这一点可以说，存货中归为 A 类的品种，最好选择本小节介绍的定期订货方式。 而归为 C 类的品种，最好选择上一小节介绍的定量订货方式。

采购员或者仓库管理员，需要在比较、研讨定期订货方式及定量订货方式优缺点的基础上，选择每一存货品种的最佳订货方式，以期能够取得事半功倍的效果。

6 -2 -4　寄售库存方式

所谓寄售库存方式，是这样一种库存管理方式，即先将属于供应商资产的物品，存放于采购方企业的仓库，采购方企业按自己公司的需求量收料后，再向供应商支付货款。 这种方式对于采购方企业来说，有两个优点：其一是可以减少属于自己公司资产的库存；其二是可以减少库存管理，特别是补充库存货物的工作。 对于供应商来说，也有两个优点，除了可以减少自己公司仓库的空间之外，还可以与采购方企业构建长期关系。

引入寄售库存方式时，采购方企业与供应商之间要事先签订一份合同书，合同书中应添加下列内容，以避免以后出现纠纷：

①合同期满时，或者长期未使用存货时，采购方企业退回寄售存货的义务。

何谓寄售库存方式

寄售库存方式＝将供应商的物品存放在采购方企业的仓库中，用多少货物就向供应商支付多少货款的方式

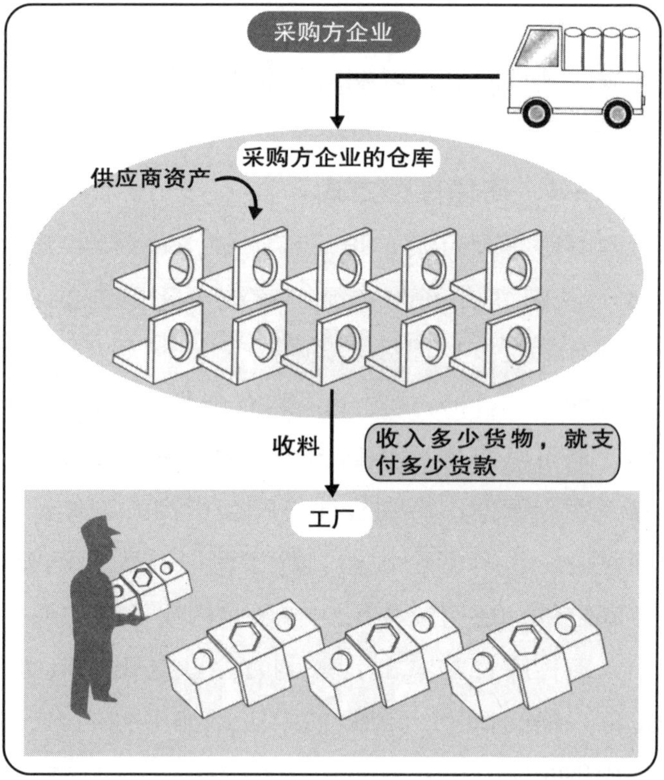

图6－8

②寄售存货的盘点及其时间、方法。

③寄售存货短缺、损毁时的赔偿方法。

有一个概念叫做 VMI（Vendor Managed Inventory，供应商管理库存），它是指通过采购方企业与供应商共享信息，供应商一方主动备货，以免采购方企业库存断货。可以这样说，寄售管理方式和准时生产等方式，系统化、发展以后就是 VMI。

6－3　不断发展的物流管理

6－3－1　物流的采购

物流服务，大体上可以分为“运输”、“仓储”、“装卸”、“包装”、“流通加工”。所谓运输，是指将物品从一个地方运往另一个地方。所谓仓储，是指存放到仓库等的服务。所谓装卸，是指短距离移动工厂和仓库内物品，或者分拣、分类等工作。所谓包装，是指利用容器等保护物品。所谓流通加工，是指在物流流程中，经过简单地组装等给产品增值。

关于物流服务的采购，作为构建最佳物流结构的一环，很多公司的物流部门都在评估、选择物流公司，并与其进行价格谈判。此外，物流服务的采购，还包括接受第三方物流公司的物流改进方案及其服务。第三方物流公司将会在后面介绍。物流服务的采购，也同料件采

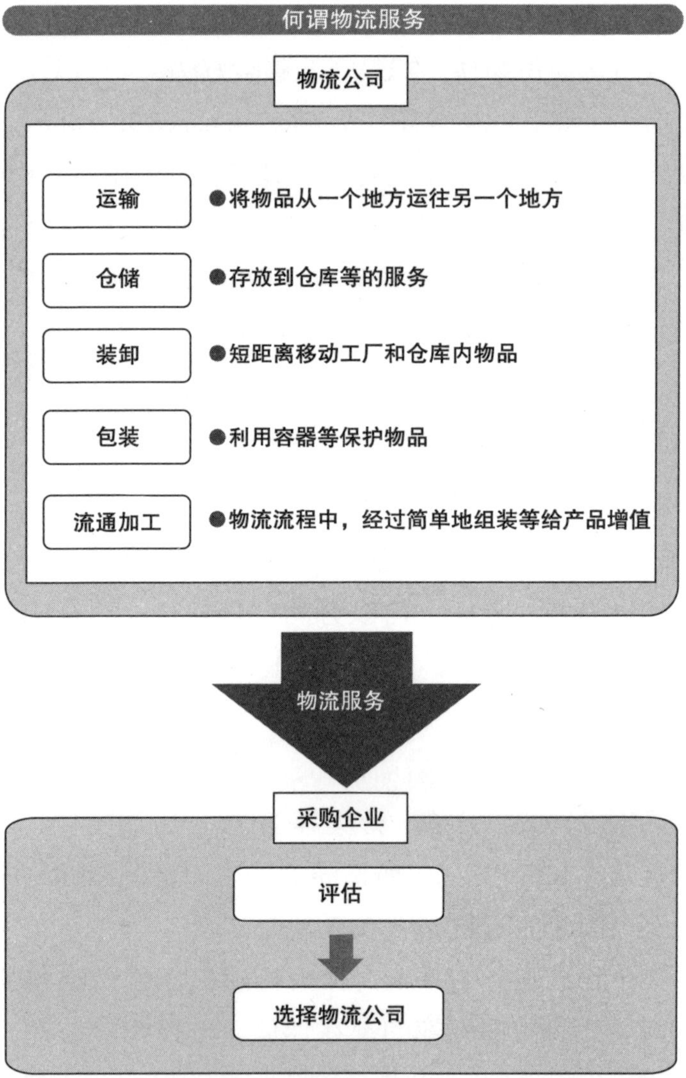
何谓物流服务
物流公司
运输
●将物品从一个地方运往另一个地方
仓储
●存放到仓库等的服务
装卸
●短距离移动工厂和仓库内物品
包装
●利用容器等保护物品
流通加工
●物流流程中，经过简单地组装等给产品增值
物流服务
采购企业
评估
选择物流公司

图6－9

购一样，都是明确规格（如果是物流，则为服务内容或者服务水平）及评估指标，然后进行综合评估以决定供应商，这一点没有变化。

为了构建最佳物流结构，可以有多种选择。运输及仓储或分别委托不同公司，或委托同一家公司，或者不局限于公司外部物流，将包括公司内部物流在内的整个物流业务，都委托给第三方物流公司等。

因为购买价格中包含物流成本，所以采购员即使不负责物流的采购，也需要预先掌握物流费用的市场动向和构成因素。

6－3－2　进口手续

采购员直接从国外购买时，应该注意交易条件及进口手续。

①交易条件

国际贸易术语解释通则中规定的交易条件有：EXW（Ex－Works，工厂交货）、FOB（Free on Board，船上交货）、CIF（Cost Insurance Premium and Freight，成本加保险加运费）、DDU［Delivered Duty Unpaid，进口国指定地点交货（未完税）］，下面介绍常见的 FOB 及 CIF。

所谓 FOB，是指进口方负担运费和保险费的交易条件。此时，购货价格或者货款中，不包含运费和保险

交易条件及进口流程

●主要交易条件●

	定义	运费和保险费负担
EXW（Ex-Works）	工厂交货	出了出口方工厂以后，运费和保险费由进口方负担
FOB（Free on Board）	船上交货	运费和保险费由进口方负担
CIF（Cost Insurance Premium and Freight）	成本加保险加运费	运费和保险费由出口方负担

●一般的进口流程●

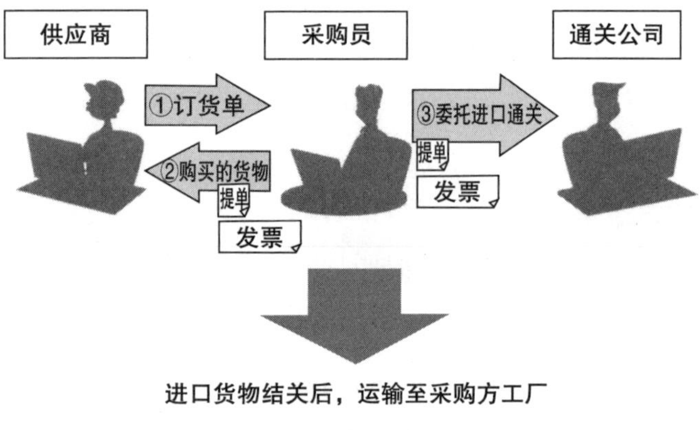

图 6－10

费，所以采购方企业（即进口方）需要另行向运输公司、保险公司支付运费、保险费。

所谓 CIF，是指供应商（即出口方）负担运费和保险费的交易条件。此时，进口货款中包含运费和保险费，所以采购方企业（即进口方）不需要另行支付。

②进口流程

如果将通关业务委托给了通关公司，则一般的进口业务流程如下：

①采购员将订货单发送给供应商。②供应商发货，采购员收到提单和发票等单据。③采购员将附带提单和发票等的单据提交给通关公司，委托其办理进口通关手续。④进口货物结关后，运输至采购方企业的工厂。

6－3－3　第三方物流

所谓第三方物流（以下称为“3PL”），是指为采购方企业（即货主）提供物流改革方案，接受物流委托。开展这种业务的公司，称为 3PL 公司。3PL 公司与通常的物流公司在以下两个方面有较大差异。

①提供最佳物流方案

是指站在采购方企业（即货主）的立场上，提出最佳物流方案。作为物流专家，3PL 公司具有提出构建最佳 SCM 方案的能力，可支持专业知识较少的采购方企业构建 SCM。

②拥有 IT 基础设施及咨询能力

3PL 公司自己拥有 IT 基础设施及咨询能力。采购方企业即便不为新物流系统投资，也还可以使用 ASP 等提

何谓3PL

3PL＝3Third–Party Logistics

||

外部（第三方）公司为货主提供物流改革方案，接受物流委托

●3PL公司的特点●

提出最佳物流方案	●作为物流专家，3PL公司具有提出构建最佳SCM方案的能力，可支持采购方企业
提供IT基础设施及咨询能力	●ASP等提供系统基础设施使用环境
提供物流咨询服务	●提供咨询服务，旨在构建最佳SCM

图 6－11

供的系统基础设施。另外，3PL 公司也提供咨询服务，旨在构建包含 IT 基础设施在内的最佳 SCM。

采购员要与物流部门协作，一起协商、决定企业委托 3PL 公司的最佳委托范围。具体来说，就是运输的改进及其委托，或者也包括运输和仓储的委托等。决定评估 3PL 公司的指标并进行评估。选择 3PL 公司时，适合采用征求各公司方案的方式，即 RFP（Request for Proposal，需求方案说明书）方式。

6-3-4　包装形式

产品的包装形式，是物流功能当中应该考虑的课题之一。

包装有如下三个目的：

①保护运输物品，避免因运输途中出现事故而损坏；

②保护运输物品免受温度变化和紫外线等外部环境的影响；

③防止运输途中运输物品向外泄漏（特别是危险品等）。

近年，包装形式依环保措施的要求，尽可能采用节省空间设计，且能够再生利用。

对于采购方企业来说，在运输、仓储产品时，包装形式安全是一个必要条件。不仅如此，近年还出现了一

包装的目的

① 保护运输物品，避免因运输途中出现事故而损坏

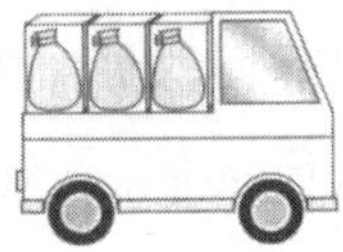

② 保护运输物品免受温度变化和紫外线等外部环境的影响

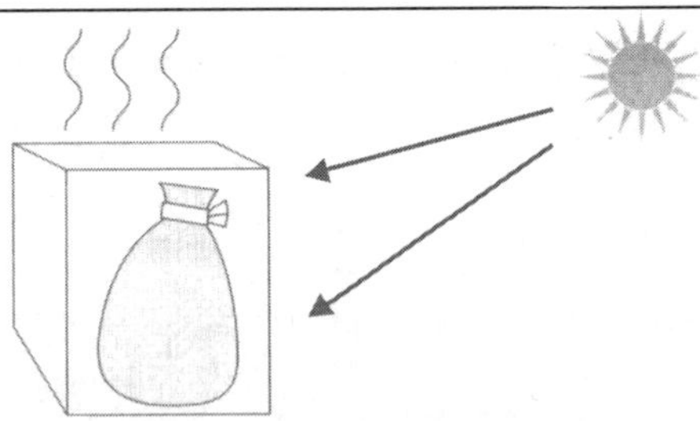

③ 防止运输途中运输物品向外泄漏

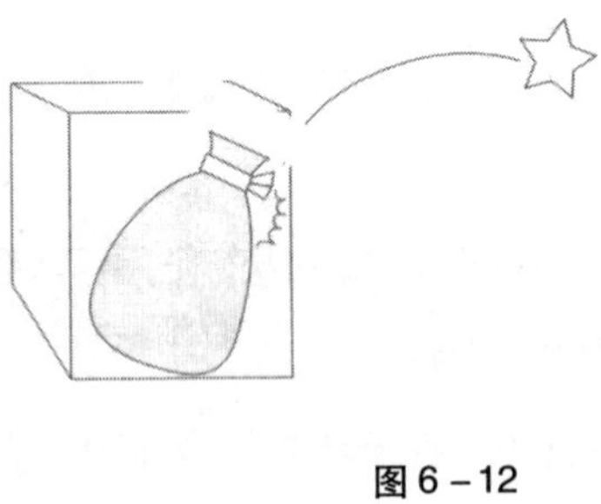

图 6－12

些企业，在选择供应商时，将该供应商包装形式是否为尽可能节省空间的设计、供应商所使用的包装形式是否支持再生利用作为评估指标。

在通用零件采购中，供应商决定产品规格，包装形式也几乎都是由供应商根据零件规格决定。 在特别订货零件采购中，有时采购方企业制订购买零件规格，同时还指定包装形式。 此外，有些企业还任命包装工程师。包装工程师的主要工作是设计包装形式。

6－3－5　环保物流（与 CO_2 减排的关系等）

实现环保物流，有以下几种方法。

①运输形态转换

所谓运输形态转换，是指转换为船运和铁路运输的方式。 以往利用汽车运输的货物，转换为利用铁路运输，这就是运输形态转换的范例。 运输形态转换，可以抑制因利用汽车运输而产生的 CO_2 排放。

②共同配送

在同行业间或者不同行业间，共同利用配送班车（班轮），可节省相关的物流能源，抑制 CO_2 排放。

③改进包装

所谓改进包装，是指使用环境负荷较小的包装材料，使用可再生利用的包装材料等。

④重新研究多次零星交货方式

将以往按小批量多次零星交货的产品集中到一起，

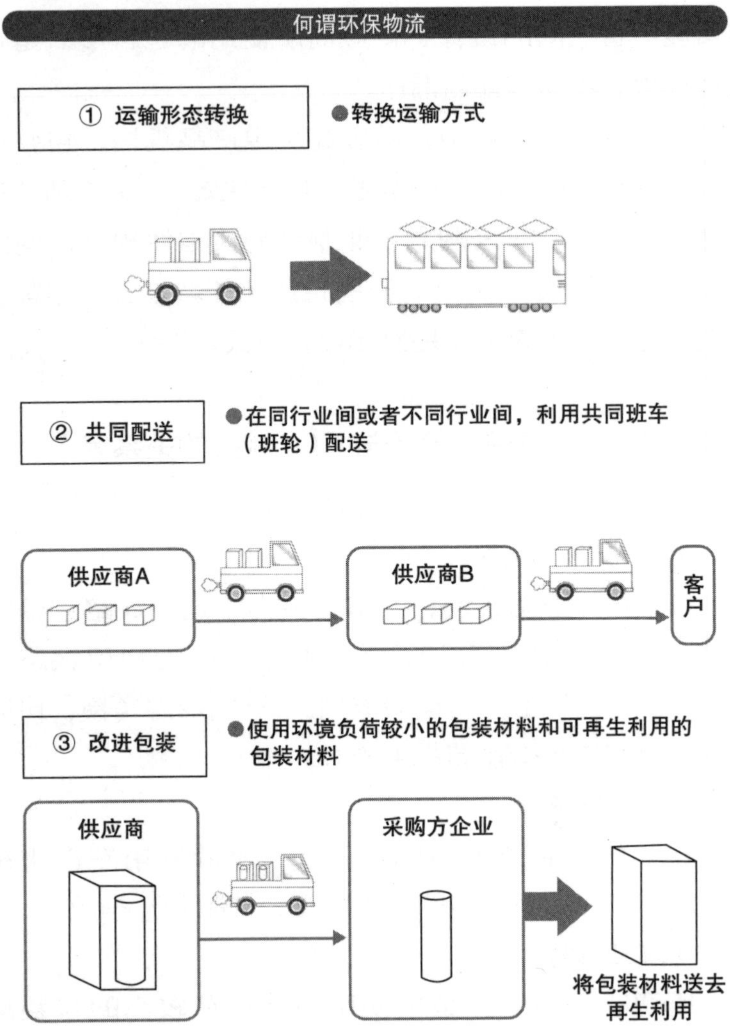
何谓环保物流
① 运输形态转换
●转换运输方式
② 共同配送
●在同行业间或者不同行业间，利用共同班车（班轮）配送
供应商A
供应商B
客户
③ 改进包装
●使用环境负荷较小的包装材料和可再生利用的包装材料
供应商
采购方企业
将包装材料送去再生利用

图 6－13

按大批量交货，以削减物流（但是，采用这种方式，对采购方企业来说，有增大库存的缺点，所以在重新研究多次零星交货前，需要预先进行调查，计算、研讨因增大库存所产生的仓储费用和利率负担等）。

这些环保物流实施情况，是评估物流公司和本公司物流结构时的重要指标。 在先进的企业当中，有时不仅计算自己公司削减的 CO_2 排放量，还计算供应商削减的 CO_2 排放量，并制订包含供应商在内的 CO_2 减排目标。

6－4　与 SCM 的联动——TOC 理论及 SCOR

所谓 TOC 理论（Theory of Constraints，约束理论），是一种经营方法，指寻找并突破供应链上供应商、本公司生产、物流、库存、采购、销售等部门及经销商等的约束。 供应链中，存在供应商的设备和人力资源、原材料购买、物流和仓储功能的约束。 此外，其他法律和商业习惯，也可以称为供应链上的约束。 寻找、突破这些供应链上的约束，可以使销售机会损失最小化，削减库存。

所谓 SCOR，（Supply-Chain Operations Reference-model，供应链运作参考模型）是指美国供应链委员会提倡的旨在强化供应链的模型。 利用 SCOR 进行以下工作。

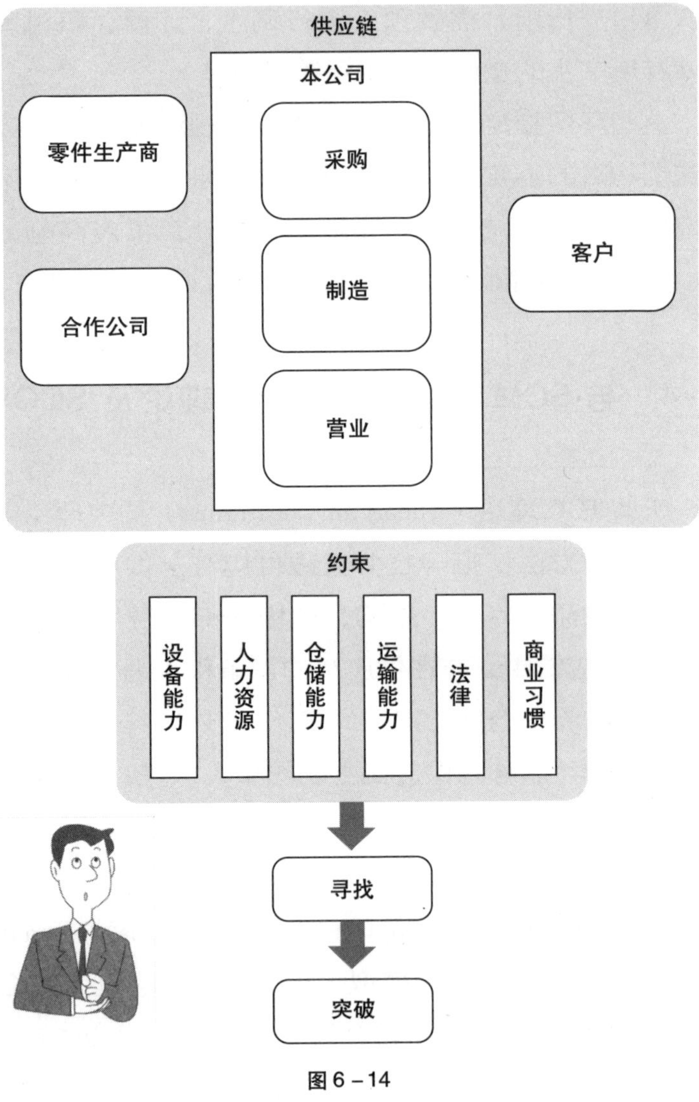
供应链
本公司
零件生产商
采购
制造
营业
客户
合作公司
约束
设备能力
人力资源
仓储能力
运输能力
法律
商业习惯
寻找
突破

图6－14

①记述现状

掌握了当前的供应链之后，在流程图等上记述其流程。

②定量评估及基准问题测试

实施定量评估及基准问题测试，掌握自己公司当前所处的位置。

③设置目标

设置本公司供应链改革目标，以应有的精神面貌持续推动改革。

专栏⑥ 有关环保物流的思考

从供应商的网点到本公司工厂的物流，与采购活动有密切的关系。

《京都议定书》生效后，CO_2 排放限制相当严格，抑制用电及抑制物流经常成为话题。

改进环保物流，常见的做法是运输形态转换及共同配送。

运输形态转换是环保措施的一个范例，它以抑制 CO_2 排放为目的，将汽车运输转换为货运列车运输。共同配送是环保措施的另一个范例，它是指不同企业利用共同班车（班轮）运输的方式。即便是利用这种方式，也可以通过减少运输班车（班轮）来削减 CO_2 排放量。

上述两种做法，可以比较简单地进行评估，但是笔者总感到困惑的是多次零星交货的理想状态。

对于采购方企业来说，采用多次零星交货方式可以优化库存。但另一方面，因为增加运输次数，所以就会增大环境负荷。反过来说，如果减少运输次数，就会减小环境负荷，但是却增加库存。

以前，JIT和多次零星交货，对于采购方企业来说是好事，但是今后还要从增加环境负荷这种不利影响方面评估交货方式，探究交多少次货能够使优化库存与低环境负荷相调和（环境经济学是一个目前还在不断发展的学术领域，期待在该领域学术研究工作也能继续进行下去）。

就解决相对立课题的意义来说，这个问题会令采购员大伤脑筋，但是作为今后努力研究的题目，它富有挑战性。

第 7 章

全球采购，支持在最合适的地点采购，在最合适的地点生产

7－1 全球采购的优缺点

企业推行全球采购的理由，有如下几点。

首先，是削减成本。通过从 LCC（Low Cost Country，低成本国）采购料件，可以生产成本竞争力更高的产品，在国内采购这是无法实现的。

其次，是获得国内没有的产品和技术。采购方企业通过引进国外特有供应商的产品和技术，可以更快地将竞争力更高的产品投入市场。

再次，是减轻汇率风险。进口及出口按美元计价，日元汇价高时，可减小出口的汇率损失。

另一方面，全球采购有以下几个缺点。

何谓全球采购

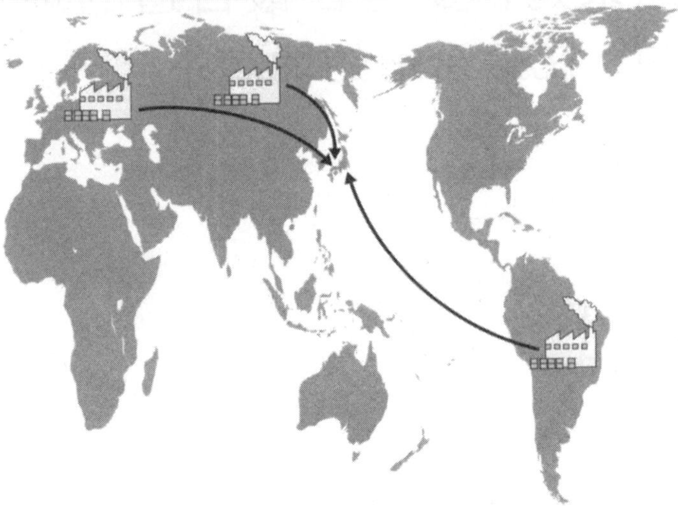

优点	从LCC（Low Cost Country，低成本国）采购
	获得国内没有的产品和技术
	降低汇率风险
缺点	供应商管理有难度
	因法律法规和商业习惯差异所带来的风险较大

图 7－1

第一，供应商与采购方企业之间有物理上的距离，比起与国内企业交易，沟通起来有一定难度。由于时间和成本方面的制约，也不能经常拜访工厂。

第二，有因商业习惯和法律法规差异所带来的风险，如采购目的地国知识产权流出等。

第三，运输和通关耗费时间。相比国内运输，交货前置时间长，并且运输成本也高。

7-2 IPO 的任务

所谓 IPO，是 International Purchasing Office 的缩写，称为国际采购中心。实施了全球采购的企业，大多将中心设在供货国，以及像新加坡、中国香港特区那样邻近供货国的城市。

IPO 的采购员，代表总公司采购组织寻找国外有前途的供应商，评估质量管理体系和经营内容，进行合同条件谈判。

因为 IPO 的员工就在当地，所以能够精通当地的商业习惯和文化。另外，相比总公司的采购组织，收集信息更准确、更及时，对谈判也有利。因此，在与文化和商务环境迥异的国外供应商交易时，IPO 员工可以在距离供应商比较近的布局间频繁地进行沟通。而且他们能够收集网络和调查机构的信息中所没有的直接信息，这

何谓IPO

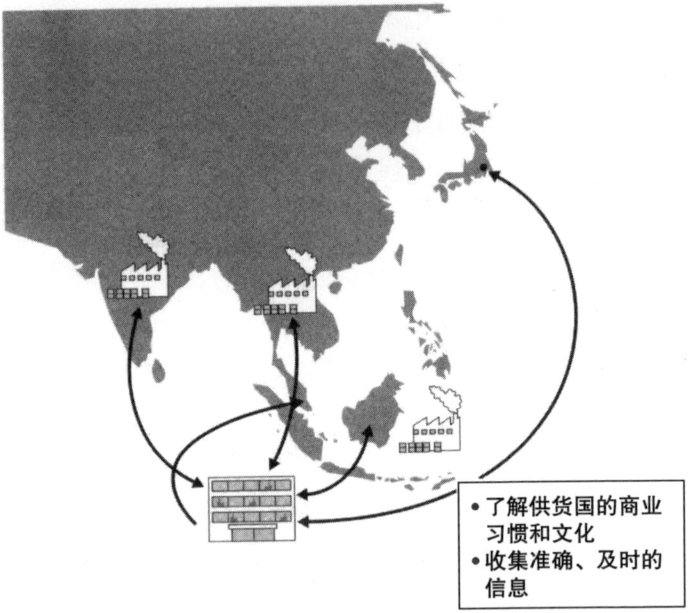

• 了解供货国的商业习惯和文化
• 收集准确、及时的信息

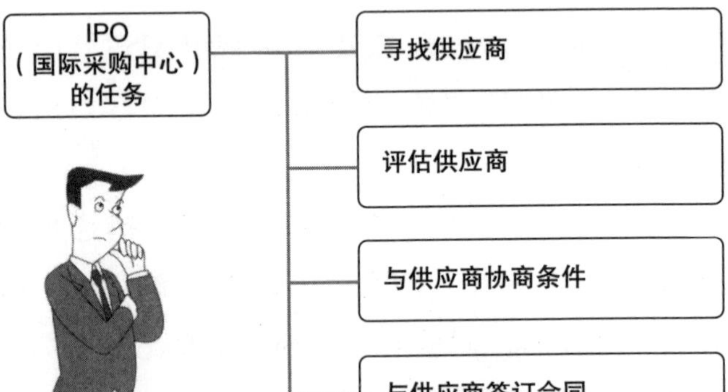

IPO
（国际采购中心）
的任务
寻找供应商
评估供应商
与供应商协商条件
与供应商签订合同

图7－2

就是设立 IPO 的优点。

IPO 的组织形式一般是这样的，即总公司采购部门的管理人员聘为 IPO 的负责人，而总公司采购员与当地人聘为员工。

有的欧美企业在日本国内设立 IPO，或者在日本法人内设立带有 IPO 功能的部门。相比从日本企业以低价采购，这些 IPO 更主要的任务，是收集日本国内具有独特技术的企业信息、洽谈合同。

7-3 全球采购中的风险管理

虽然全球采购有很多优点，但是也存在不少特有的风险。

●价格上涨风险、供货风险

一部分稀有金属之类的资源，不均匀地分布在几个特定国家。在这种情况下，因供货国的政策发生变化时，会出现价格上涨的风险（供货风险也同样）。

应对价格上涨（或者供货）风险的措施，首先是签订长期合同。具体来说，就是从现货交易变更为签订长期买卖合同，从而可抑制价格上涨风险和供货风险。其次，是从多个国家供货。设想因政策变化而导致价格上涨、出现供货不稳定的情况，事先变更为从多个国家供货，这就是具体措施。另外，采购原材料时，还有采用

风险及其应对措施

全球采购中的风险	应对风险的措施		
价格上涨风险	长期合同	从多个国家采购	期货交易
供货风险	长期合同	从多个国家采购	期货交易
汇率风险	外汇合同	从多个国家采购	
区域风险	从多个国家采购		

图 7－3

期货交易这一措施。

●**汇率风险**

发生汇率风险，主要原因是供货国经济不稳定。利用高风险供货国货币的远期外汇合同来规避或减轻汇率变动风险，或者转换为从多个国家采购，这些都是应对汇率风险的措施。

●**区域风险**

发生区域风险，主要原因是出口国政变或战争，最终将发展成为供货问题和价格问题。

与应对价格和供货风险一样，转换为从多个国家采购就是应对区域风险的措施。

专栏⑦　稀有金属供应

最近，令采购员大伤脑筋的问题，是供应稀有金属/稀土金属（以下统称为“稀有金属”）。

稀有金属不是常见的购买材料，因而需要先解释一下。相比其他原材料，锂、铟、钨所代表的稀有金属（rare metal），以及钆和镥之类的稀土金属（rare earth）金额小、数量少，但是却用于多种高科技产品。例如，铟作为液晶电视的电极材料使用、锂作为电池材料使用。镥之类的稀土金属，作为应用核医学的高级医疗器械材料使用。

这些材料都限制开采量，原产地分布也不均匀，大都在中国、前苏联或者非洲一部分国家，采购似乎有一定难度。如果开采地政局不稳，就会导致价格剧烈变动。如果原产国政策限制出口，供货有时就会突然间紧张起来。特别是中国，中长期依然呈限制出口的趋势。

不仅半导体等高科技产品，国防工业也需要，如果稀有金属中断供货，就会打破军事平衡，比工业衰退的麻烦更大。迄今为止，一提到材料采购，便认为采购员的主要工作，就是采购在总成本中占比重较大的原材料，诸如原油和钢铁等。然而今后数年间，怎样采购高科技产业的生命线——稀有金属，才是采购员的重要课题。

具体来说，稀有金属原材料应多渠道供货，从开发阶段（即选择材料阶段）起，采购员就参与计划、构建与紧缺材料供应商的关系。类似这样的工作，就是采购员今后崭露头角的舞台，就是可以为企业作出贡献的广阔天地。

第 8 章 增加采购经验的要点

8－1 采购员必备知识及能力

对于采购员来说，必备的知识及能力，因所属企业的行业、负责采购对象品种、任务或者职务而异，大体上见表 8－1。以下介绍主要内容。

●分析采购实际案例数据的能力

这是一项基础分析能力，是指以当前本公司采购经验为基础，按供应商、品种、部门等分析数据，旨在选择战略上应该重点关注的供应商和品种。具体来说，就是运用数据库分析，继而发现课题的能力。

●评估供应商的能力

是指从公司内部各部门（开发部门、设计部门、制造部门、生产管理部门、质量管理部门等）收集信息，分析数据，评估供应商的能力。具体来说，就是从质量管理部门收集不合格率数据，从生产管理部门收集交货逾期数据并进行分析，评估各供应商的能力。另外，还需要其他的能力，诸如从供应商收集信息，以分析财务内容和拥有设备、技术，拜访、监查供应商等。

●制订谈判战略的能力

是指综合分析公司内部积累的数据（按供应商、品种、部门等，分析购买实际案例和需求计划、开发路线图等数据）及评估供应商的结果进行判断，以制订谈判战略的能力。

表 8－1　各流程的知识及能力一览表

流程	采购员必备知识及能力
分析	分析采购实际案例数据的能力
	分析市场的能力
评估	开拓、评估新供应商的能力
	评估供应商绩效的能力
	构建供应商评估系统的能力
	确认供应商制度的能力
外包	审查规格明细书的能力
	有关公开招标流程的知识
	评估招标结果的能力
	制订谈判战略的能力
	与供应商谈判的能力
	分析报价单内容的能力
	与供应商构建良好关系的能力

（续表）

流程	采购员必备知识及能力
执行	审查购买申请内容的能力
	与法务人员（或者律师）讨论合同条款的能力
	有关签订合同之前的流程管理知识
	有关外包法的知识
	有关公司法的知识
	有关反垄断法的知识
	推动流程改进项目的能力
	推动风险管理项目的能力
	引入、改进采购系统的能力
	设置采购部门目标的能力
	制订采购规定、采购方针，编写采购手册的能力
	编制业务报告的能力
	应对监查的能力
	制订业绩评估指标的能力
	评估员工的能力
	培训员工的能力

●引入、改进采购系统的能力

是指引入、维护、改进采购系统的能力。 该采购系统的采购流程，不仅可以确保效率，还可以确保内部控制、服从。 具体来说，就是指运用有关采购流程的知识和这套系统的能力，以及与 IT 部门协作来选择、运用适合的采购系统的能力。

8－2 采购员的目标管理制度及业绩评估

自20世纪90年代初，日本引入目标管理制度的企业越来越多。采购部门期初根据经营目标设置采购部目标后，制订采购员个人目标，期末检查其结果，这样的案例也有增无减。

①衡量对损益和现金流转作出贡献的指标。衡量采购员业绩，最常用的管理指标是成本削减额。成本削减额的计算方法，因企业或者购买的货物而异。如果是直接材料，通常设成本削减额，等于期初设置的预定成本单价与实际采购单价之间的差额，再乘以实际采购数量所得之积。如果是间接材料，则设成本削减额，等于前期采购单价或者预算单价（购买申请部门提出的预算申请单价）与实际购买单价之间的差额，再乘以实际采购数量所得之积。

②衡量效率的指标。将每个人的采购数量和采购金额、订货前置时间（从受理购买申请开始，到向供应商提交订货单为止的天数），与基准问题测试值和上年度值进行比较，以评估业绩。

③衡量服从的指标。以采购内部监查结果为业绩评估指标，即衡量服从的指标。

④衡量管理的指标。以公司高层评估采购部门的结果、培训供应商的质量及次数为业绩评估指标。

表8-2 目标设置及业绩评估指标范例

指标	指标名称	定义和计算方法
损益和现金流转	成本削减额（绝对金额）	·前期单价与本期单价之间的差额累计 计算公式：(前期单价 - 本期单价)×购买件数 ·预算单价与本期单价之间的差额累计 计算公式：(预算单价 - 实际购买单价)×购买件数
	成本削减额占总购买额的比例	成本削减额占总购买额的比例（成本削减额随总购买额的变化而改变，所以成本削减率和成本削减绝对金额一起作为指标尤为重要） 计算公式：成本削减额÷总购买额
	成本削减额占成本削减对象额的比例	成本削减对象额（从总购买金额中，仅抽取出成本削减对象的金额，例如继续购买的产品金额）中，成本削减额所占的比例 计算公式：成本削减额÷成本削减对象额
	避免成本增高金额	采购员采取一些行动后实现的避免成本增高金额
	支付条件	向供应商支付货款的平均支付条件（并非支付周期长就好，它是衡量对现金流转作出贡献程度的一个指标）
	对削减库存作出的贡献	库存周转率、库存金额、寄售库存比例

（续表）

指标	指标名称	定义和计算方法
效率	产品样本品种件数（额）比例	产品样本品种件数（或数额）占总购买件数（或数额）的比例　计算公式：产品样本品种件数（或数额）÷总购买件数（或数额）
	非合同采购比例	购买非推荐品种件数（或数额）的比例　计算公式：非合同采购零件件数（或数额）÷总购买件数（或数额）
	每人购买额	每个人的购买金额
	每人供应商数量	每个人的供应商数量
	订货前置时间	从受理购买申请开始，到提交订货单为止的天数
	每人购买件数	每个人的购买件数
	交货逾期率	交货逾期的件数占总购买件数的比例　计算公式：交货逾期件数÷总购买件数
企业合规	内部监查结果	内部监查部门进行监查的报告结果
	公开招标购买比例	以公开招标形式购买的金额（或件数）占总购买额（或件数）的比例　计算公式：以公开招标形式购买零件的购买额（或件数）÷总购买额（或件数）
	基本合同签约率	签订基本合同的供应商数占供应商总数的比例　计算公式：基本合同签约供应商数÷供应商总数
管理	公司高层对采购部门的评估	公司高层根据评估指标对采购部门的评估。其评估指标为是否按照企业或者事业部的目标开展了活动等
	采购人员的能力	以面谈、考试等形式评估采购人员的能力
	其他部门对采购部门的评估	开发、制造、设计部门根据评估指标对采购部门的评估。其评估指标为灵活性、快速性等
	供应商对采购部门的评估	供应商根据评估指标对采购部门的评估。其评估指标为是否遵守支付条件、采购人员是否彬彬有礼等

另外，也有将收集、整理供应商对采购部门的评估（VOS，Voice of Supplier，供应商之声），委托给咨询公司等第三方机构来做，并以该结果为采购部门业绩评估指标的案例，但这种做法并不多见。

8－3 采购员的人才培养制度及职业道路

●人才培养

日本的大学、研究生院中，教授和研究采购的机构寥寥无几，其中东京大学属于佼佼者。东京大学始终系统地研究和教授采购。另一方面，美国超过 150 所大学、研究生院，研究和教授包括采购在内的供应管理，而且约 15 所大学设置了博士生课程。

在美国，大学、研究生院与企业共同进行研究和教学，并实施案例分析，定期召开跟踪碰头会，以反馈毕业生在企业中的情况。例如在采购实际工作中是如何运用学校里所学的知识的。

●职业道路

新人毕业进公司后的经验年数及任务，如下所示。

①事务员（不足 1 年经验）。负责编制订货单、报价单归档和输入数据等简单的联络工作。

②采购员（1 年及以上但不足 8 年经验）负责采购小额且战略重要度较低的间接材料、MRO 等。在采购专

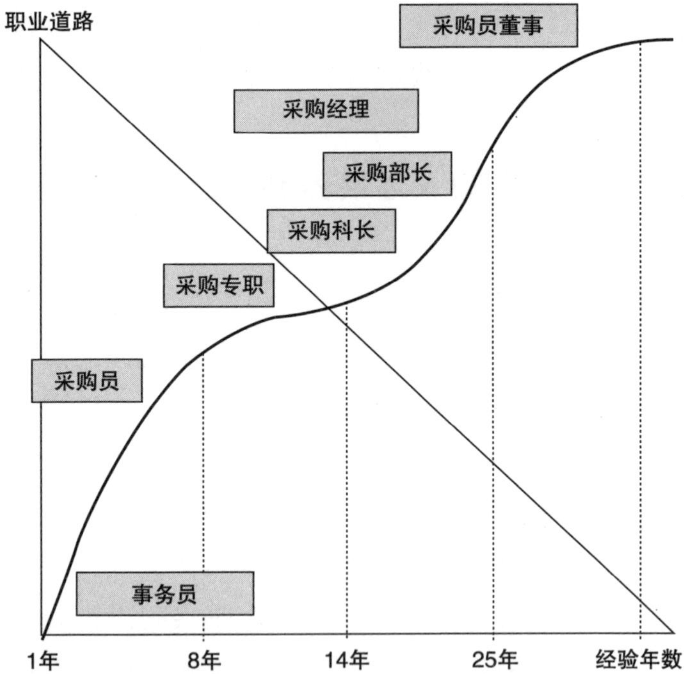

图 8－1

职的领导下完成工作。

③采购专职（8 年及以上但不足 14 年经验）。负责采购大额且战略重要度较高的直接材料或者间接材料。关于削减成本等目标管理，也有严格的要求。此外，虽然这不是一个管理职务，但是也有培养和领导部下的任务，如果实际业绩提升的话，还有提拔当经理的

可能。

④采购经理（14 年及以上但不足 25 年经验）。虽然有时也有作为采购部门一员需要完成的采购任务，但主要任务是按照企业目标设置采购部门的目标、培训员工、评估人事、录入新人，以及向董事和公司高层报告。

⑤采购员董事（25 年及以上经验）。有决定企业供应方针的任务，还有向 CEO（Chief Executive Officer，首席执行官）、CFO（Chief Financial Officer，首席财务官）报告的任务。有时也称为 CPO（Chief Purchasing Officer，首席采购官）。

8-4　各国（日本、美国、英国）的采购资格认证制度

在日本，社团法人日本能率协会于 2007 年推出了采购员及采购经理资格认证制度，称为 CPP（Certified Procurement Professional，注册职业采购专员）。

表8-3 采购资格认证制度比较一览表

资格认证名称	国家	授予团体	考试内容	其他
CPP（Certified Procurement Professional，注册职业采购专员）	日本	日本能率协会	考试内容为：战略和管理、开发采购、供应实施、供应管理、供应实施的基础知识、供应系统、供应的社会责任、降低成本相关知识、管理方法、其他	有面向初级的B级和面向经理的A级。参加A级考试的前提是通过B级的考试
C. P. M.（Certified Purchasing Manager，注册采购经理）	美国	ISM（Institute for Supply Management 美国供应管理协会）	考试有4个模块，可以参加每一个模块的考试： 1. Purchasing Process（采购流程） 2. Supply Environment（供应环境） 3. Value Enhancement Strategies（增值策略） 4. Management（管理）	资格认证的条件：大学毕业，3年实际经验

（续表）

资格认证名称	国家	授予团体	考试内容	其他
C. P. S. M.（Certified Professional Supply Management，注册国际供应管理顾问）	美国	ISM（Institute for Supply Management 美国供应管理协会）	考试有 3 个模块，可以参加每一个模块的考试： 1. Foundation of Supply Management（供应管理基础） 2. Effective Supply Management Performance（供应管理的绩效） 3. Leadership of Supply Management（供应管理领导能力）	始于 2008 年，是 C. P. M. 升级版资格认证。资格认证的条件：大学毕业，5 年实际经验。已取得 C. P. M. 资格认证者，通过为 C. P. M. 搭桥的模块 1 考试，即可取得 C. P. S. M. 资格认证
CIPS（The Chartered Institute of Purchasing & Supply Qualification，英国皇家采购与供应学会资格认证）	英国	The Chartered Institute of Purchasing & Supply（英国皇家采购与供应学会）	考试分为 5 个级别，从二级到六级： 二级：采购的任务及范围、采购系统及手续、与供应商的协作、采购合同的重要性、其他 三级：了解采购环境、采购作业、与客户及供应商的关系、其他 四级：采购中的谈判、编写采购合同、采购绩效的衡量、其他 五级：采购管理、风险管理、供应链绩效的改进、其他 六级：战略性供应链管理、其他	

在美国，则由ISM（Institute for Supply Management，美国供应管理协会）授予采购专家资格C. P. M.（Certified Purchasing Manager，注册采购经理）。C. P. M.资格授予条件，是通过4个模块（采购流程、供应环境、增值策略、管理）的考试，并且原则上具有5年以上采购经验。这种C. P. M.资格考试的试题，是ISM向全美制造业、服务业、政府等采购部门发出问卷，并参考调查采购经理必备能力的结果拟定的。2007年，全世界约50 000人获得C. P. M.资格认证，其中日本约有20人。

此外，ISM准备于2008年推出C. P. S. M.（Certified Professional Supply Management，注册国际供应管理顾问）资格认证，它是C. P. M.的升级版资格认证。具体来说，C. P. S. M.是这样一种资格认证，相比以前的注册采购经理，它要求供应管理顾问这一供应管理专家，具有更广泛职业领域的知识及经验。其知识范围除了采购之外，还包括物流、项目管理、CSR、战略性领导能力、风险管理、战略性合同。

专栏⑧ 学徒制度及采购员教育

笔者当采购员时，当时的部长曾经说过："采购员的工作是一种学徒制度。因为并没有会计和人事那样的理论，所以只有通过实践来学习。"这话到现在依然记忆犹新。笔者认为，每个企业的采购工作都各有不同，技巧和方法因人而异。

采购员的工作不是表面上的价格高低，而是制约条件多，诸如环保措施、风险管理和与供应商的权利义务关系等，无法按照手册决定意向，所以在现场通过实际工作来掌握至关重要，这也是可以理解的（或许从这个意义上可以说更接近学徒制度）。

但是，这不是了解或不了解标准的理论和体系行与不行的问题。下面，以供应商评估制度为例进行说明。采购员如果将供应商评估指标及加权的方法、旨在排除主观性的方法论作为知识来掌握，就可以把这些知识与每家企业的采购措施和材料特有的状况结合起来，以进行个性化定制。相比从零开始，如此能够更快地建立相当好的制度。这里，采购员的能力，根据怎样结合实际情况建立企业制度这一应用能力来评估。

虽然前面举出了供应商评估的例子，但是一般认为，采购整体上标准知识体系少，加剧了支持 J－SOX 采购业务的混乱。知识及其应用至关重要，医生和会计师之类的职务也是这样的，但是对于想在采购员的岗位上积累经验的人来说，能够教授和实践采购知识和理论的教育机构和单位极少，不能不让人感到非常遗憾。

第 9 章

实用知识集锦

9－1 采购管理相关法律法规

对于采购员来说，与供应商协商合同、编写合同书，必须具有采购交易相关法律法规的知识。

业务员也一样，为了对外交易，构建采购流程，先将应该遵守的法律法规输入到头脑中再完成工作任务，即便是从风险管理的观点来看，这也是至关重要的。

如果采购员不充分掌握这些法律法规知识，企业就有可能因违反法律法规而受到处罚，或者发展到与供应商诉诸法律的地步。

以外包法为例，其中规定了 11 条禁止事项，如禁止采购方企业逾期支付、禁止不足额支付货款的条款等。

这些都是采购员与外包商进行价格谈判时应该注意的问题。

此外，知识产权法大致分为著作权法和专利法，如果是开发委托，当进行知识产权归属范围谈判时，采购员就需要大概了解相关法律知识。当然，专业性的判断，需要得到法务人员和律师的帮助。但是与那些专家讨论采购相关法律问题时，必须具备基本的法律知识。

采购员应当先了解相关法律法规（图 9－1），然后再与供应商洽谈合同条件，与法务人员和律师讨论相关问题，起草合同书样本，构建和改进采购流程。

特别重要的法律法规

●外包法规定的11条采购方企业禁止事项●

- 禁止拒绝收货（第4条第11款第1号）
- 禁止逾期支付外包货款（第4条第1款第2号）
- 禁止不足额支付外包货款（第4条第1款第3号）
- 禁止退货（第4条第1款第4号）
- 禁止压价购买（第4条第1款第5号）
- 禁止强行购买、禁止利用职务强行购买（第4条第1款第6号）
- 禁止报复措施（第4条第1款第7号）
- 禁止提前结算买卖供料等的货款（第4条第2款第1号）
- 禁止交付贴现困难的票据（第4条第2款第2号）
- 禁止要求提供不正当经济利益（第4条第2款第3号）
- 禁止不正当返工（第4条第2款第4号）

图 9－1

表9-1 相关法律法规一览表

	法律法规名称	说明或者采购注意事项
1	外包货款逾期支付等防止法	规定外包交易时采购方企业的义务及禁止事项
2	制造物责任法	规定制造者承担的责任
3	垄断禁止法	禁止滥用订货方优势地位
4	电子合同法 *	规定电子合同成立时间
5	人才派遣业法	规定签订人才派遣合同时派遣方、接收方的义务、禁止事项
6	建设业法	规定签订工程承包合同时的条款
7	印花税法	规定贴花的合同书等文件种类及金额
8	票据法	使用票据等支付时要注意
9	民事再生法	规定民事再生相关手续
10	图案设计法	有时采购交易可能牵扯到对产品进行外形设计等（图案设计权），签订这类合同时要注意开发委托合同等）
11	实用新发明法	采购交易，有时可能牵扯到进行比较简单的技术性创意等（实用新发明权），签订这类合同时要注意（开发委托合同等）
12	商标法	采购交易，有时可能牵扯到商品名称等的商标（商标权），签订这类合同时要注意（开发委托合同等）
13	专利法	采购交易，有时可能牵扯到划时代的创意（专利权），签订这类合同时要注意（开发委托合同等）
14	著作权法	采购交易，有时可能牵扯到文章、照片等作品、电脑程序等著作权，签订这类合同时要注意（软件开发委托合同等）
15	法人税法实施令59条	规定保存文件的种类及年限
16	RoHS指令	禁止在向欧盟出口的电子电气产品中含有六价铬等有害物质的欧盟指令

*电子合同法的正式名称为《关于电子消费者合同及电子承诺通知民法特例相关的法律》。

9 - 2 采购合同的种类及谈判要点

采购员的重要工作包括编写合同书及商谈合同条件等的合同业务。采购相关合同有多种类型，分别根据购买的主要品种类别使用，如图 9 - 2 所示。

除了按购买的品种分类之外，合同书格式还可以按关系公司及非关系公司分类，按外包法对象供应商及非外包法对象供应商分类。

因为未签订书面合同，或由于理解不充分而签订了对本公司不利的条款，因而卷入麻烦中，给公司造成巨大损失，这类风险都可以事先规避。

编写、协商合同书时，需要得到法务人员和知识产权部人员的帮助。为了让与供应商的谈判在对自己一方有利的形势中高效进行，根据本公司的风险管理方针和有关法律的方针（Legal Policy），事先准备合同书样本就是一种有效的方法。

准备合同书样本之后，还要为每一合同条款准备指导方针，诸如：①合同中有该条款，其目的何在？②过去发生过哪种与该条款相关的问题？③对于供应商提出的要求，该条款可以让步到何种程度？或者以前是否有过让步的情况？④针对供应商提出的方案，怎样逐条答复？这样一来，就可以更可靠、更高效地进行合同谈判。

采购相关合同一览及基本合同书范例

物品、设备系列

物品交易合同	设备买卖合同

劳务系列

开发委托合同	业务委托合同
人才派遣合同	物流委托合同
仓库委托合同	保养合同
咨询委托合同	清扫委托合同
工业废弃物处理委托合同	SLA（Service Level Agreement，服务水平协议）

其他

长期租赁（Lease）合同	短期租赁（Rental）合同
设备出借合同	

●买卖基本合同书样本条款范例●

第1条 目的
第2条 个别合同的成立条件
第3条 交货
第4条 检验条件
第5条 所有权转移
第6条 支付条件
第7条 瑕疵担保
第8条 知识产权的侵害
第9条 保密
第10条 权利义务的转让
第11条 损失赔偿
第12条 合同时间
第13条 合同解除
第14条 继续履行的事项
第15条 协议
第16条 管辖法院
第17条 适用法律

●买卖基本合同样本范例●

买卖基本合同书

XXX株式会社（以下称“买方”）与○○○株式会社（以下称“卖方”），就买方从卖方继续购买的条件达成如下协议。

第1条 目的
买方及卖方为了在双方之间构建继续合作关系，特签订本合同。
⋮
第6条 支付条件
买方自验收卖方交来的货物之日起20天这内结算，并于下月10日前以现金形式支付。
⋮
第10条 权利义务转让的禁止
买方及卖方未经对方事先以书面的形式同意，不得将本合同或者规定的己方权利或者义务转让给第三方，或用来为第三方提供担保。

图 9－2

9－3　采购管理规程、采购手册、流程图范例

设置采购部的企业，一般都备有采购管理规程。 它规定了诸如采购部门经办品种对象范围、新供应商注册方法、供应商评估方法等采购相关的规则。

该规程与书面请示规程、合同管理规程、文件管理规程、固定资产管理规程等规程有整合性，规定了采购员应当遵守的规则。 随着企业周边环境的变化，采购管理规程应当适时更新。

●业务手册目录范例●

1. 采购业务
   - 1.1. 购买申请的制单
   - 1.2. 购买申请的批准
   - 1.3. 购买申请的受理、确认
   - 1.4. 询价
   - 1.5. 报价单的接收
   - 1.6. 与供应商的谈判
   - 1.7. 供应商的选择
   - 1.8. 订货
   - 1.9. 收领
   - 1.10. 验收
   - 1.11. 要求付款书的审核
   - 1.12. 汇款

2. 供应商管理
   - 2.1. 供应商注册
   - 2.2. 交易基本合同的签订
   - 2.3. 供应商评估

●业务手册范例●

业务手册

1.4 询价

1.4.1　采购员从申请部门获得购买规格明细书、预定购买数量

1.4.2　采购员根据上述资料，从现有供应商当中，选择RFQ收件人
此时，采购员考虑现有供应商的供货能力、质量等级、价格，如判断新供应商更好后，则给新供应商发送RFI

1.4.3　采购员评估现有供应商及新供应商后，选择FRQ收件人

图9－3

规程、手册、流程图范例

●采购管理规程目录范例●

1. 目的
2. 适用范围
3. 订货批准权限
4. 订货手续
5. 收领、检验手续
6. 支付手续
7. 凭证类保存规则
8. 新供应商注册手续
9. 供应商评估标准
10. 竞争报价单收取标准
11. 继续订货零件加价批准手续
12. 互惠交易的禁止
13. 成本削减评估方法

●采购管理规程目录范例●

采购管理规程

本规程是规定采购相关手续、管理等的文件，适用于全体职工

第1条 目的

制定本规程的目的，在于公正且高效推动采购管理

⋮

第3条 订货批准规程

采购部门订货批准规程如下：

采购员 不足20万日元／件的采购事宜

采购科长 20万日元／件及以上但不足1 000万日元／件的采购事宜

采购部长 1 000万日元／件及以上的采购事宜

⋮

第12条 互惠交易的禁止

原则上禁止互惠交易

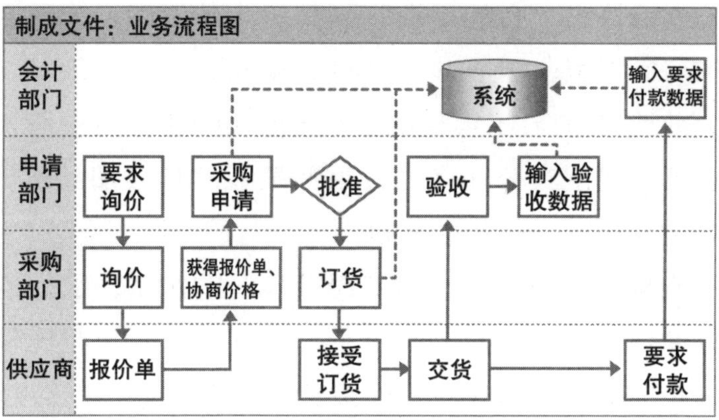

图 9－4

采购流程图及采购业务手册，是根据采购管理规程，详细介绍采购员业务的资料。相比采购管理规程规定了最低限度的规则，流程图及手册则详细地记述了手续及应该遵守的规则。在引入了采购系统的企业中，也有与系统手册合为一体的案例。

9－4　采购员的操守

听说有“四让”这样的行话。这是业务员笼络采购员的方法，指“让他喝美酒”、“让他吃大餐”、“让他赚外快”、“让他逞威风”。其中，采购员最应该注意的“让”，是“让他逞威风”。

如果拜访大企业的采购部，有时就能见到这样一幕：在洽谈室（有的是在四面都有大玻璃窗、能看到里面的房间）里，20多岁的年轻采购员，跷着二郎腿，斥责面前比他父亲还年长的业务员。有的公司主管说：“业务员透出其公司实力，采购员显露其公司品格。”笔者觉得这话一点儿也不假。

刚刚踏入职场便习惯“逞威风”的做派，那样的态度好像自然而然地就学到手了。其他“三让”都比较好办，企业的规则越来越严，受到惩罚的采购员就会越来越少，唯独“让他逞威风”，改起来好像没那么容易。

作为轮换工作的一个环，采购员也去体验一段时间

采购员应该注意的“四让”

四让 ＝业务员拉拢采购员的方法

- 让他喝美酒
- 让他吃大餐
- 让他赚外快
- 让他逞威风

近年正在逐渐减少（让他喝美酒、让他吃大餐、让他赚外快）

特别需要注意（让他逞威风）

图9－5

业务员的工作，这或许是一个不错的方法。

有一种评估采购部门的结构，是委托第三方（咨询公司）收集、整理 VOS（Voice of Supplier，供应商之声），从供应商的观点来评估采购部门。

利用这种方法，还可以客观地分析自己公司采购部门是否彬彬有礼、是否讲究伦理道德，当然这种负面案例极其罕见。

专栏⑨　内部控制及风险管理

好像很多人都在准备打造内部控制结构，但是也不得不面对一些现实问题，特别是采购。由于其处于重要度较高的区域及地位，所以很多人因相应的业务量太大而唉声叹气。大约从 1 年前开始，咨询打造采购相关内部控制结构问题的接待量就一直在增加。提问的内容也从“怎样做才行”变成了“做到哪儿算一站”，关于“怎样做才行”这个问题，一般的做法就是整备文件（流程图、业务手册、风险控制矩阵、合同样本等），定期检查。但是，关于“做到哪儿算一站”这个问题，则需要实际工作能力及洞察力，好像还没有找到一条适合所有公司实际情况的道路。

下面，以与供应商签订合同为例进行说明，这是笔者最近受理的一个实际案例。在这家公司内部结构构建项目中，指出公司未签订采购合同，于是制订了一个方针，由经营部门签订合同，但是现有的供应商超过了 1 000 家，并且本公司拥有的合同书样本也相当厚，所以经营部门与供应商之间签订合同困难重重。与所有供应商之间签订采购合同时，其条件尽可能有利于本公司才能放心。如果站在公司主管的立场上看，这样做也是可以理解的。但是，仅交易一次也要签订厚厚的合同书，其工作量很大，实际工作方面也有难度。或许也有仅针对大额、事务处理较多的交易签订合同的企业，对其这也是一个办法，但小额交易量未必风险就低。

这里，风险管理的观点尤为重要。必须要在收集、分析公司内外以往实例的基础上，预测将来会产生的风险，建立签订合同的优先等级，并审查条款。但是，很多企业几乎都没有积累这样的数据，所以就会陷入一个恶性循环，即“风险分析和评估不见进展→安全起见，与所有的供应商都签订厚厚的合同书→中途受挫”。或许笔者孤陋寡闻，关于采购合同，迄今为止也没见到过有人逐条分析风险的概率，并将其反映到签订合同实际工作中的范例、报告或论文。这些大概都存在各企业和各经办人的脑子里了吧。

构建内部控制时，想要打造牢固的结构，深入开展业务、实施检查流程不但不那么困难，反倒是一种简单的方法（另一方面，企业的力量和积极性会下降）。不能因为高层管理人员有指示，就不管不顾地增加工作，而是应该构建一个结构，它可以在规避风险的同时提高生产率，这就是专家的任务。

第 10 章

引人注目的采购新概念

10 – 1　采购新观点

10 – 1 – 1　CSR 采购

一般认为，在企业活动中大家都比较重视 CSR（Corporate Social Responsibility，企业社会责任）。但不光是自己公司内部的 CSR，如果供应商不是从 CSR 的角度选择的话，也无法实现真正的 CSR。

所谓 CSR 采购，是指将采购方的 CSR 标准扩大范围适用于供应商（进货源头）的活动。CSR 采购包括供应商的环保措施、遵守法律法规、劳动者人权以及安全卫生等。因此，CSR 采购中也包括绿色采购。

某全球企业发现，没有资本关系的供应商，以低于

何谓CSR

CSR采购 = 将采购方的CSR（企业社会责任）标准扩大范围以适用于供应商的活动

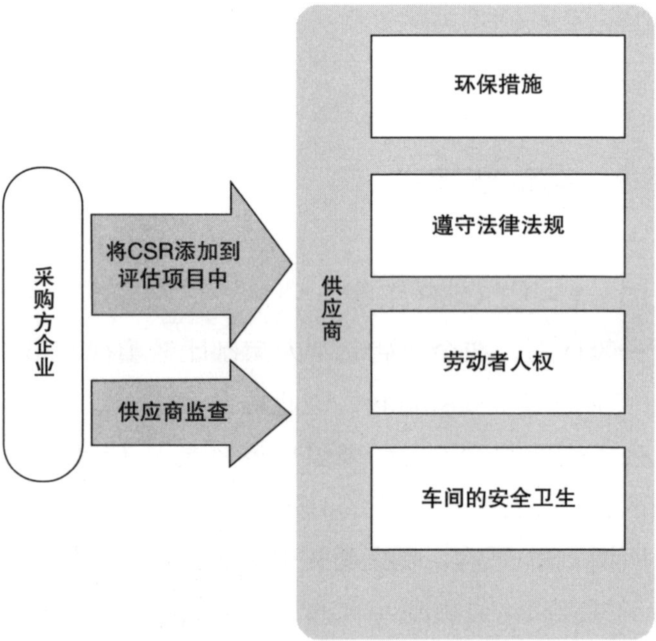

图 10－1

最低标准的工资雇佣工人，便发起了抵制其产品的运动（称这样的工厂为血汗工厂、黑心工厂）。

CSR 先进企业，一般都给供应商评估项目中添加 CSR 相关项目，实施供应商监查。

另一方面，CSR 采购还处于发展阶段，仍存在一些待解的课题。

第一个课题，是供应商在订货方监查和调查方面的工作量增大。 CSR 的标准化尚未成熟，特别是供应商，需要应对来自众多企业涉及方方面面的调查和监查，负担似乎很重（SA8000 未认定企业为数不多，而且是仅限人权方面的审查。 此外，规定了 CSR 所有方面的 ISO 认证制度也未完成）。

第二个课题，是监查到哪一层供应商的问题。 监查全部多层供应商固然是最理想的了，但工作量也会大得惊人。 最初监查第一层供应商，接下来再着手监查第二层中的重要供应商，一般认为这种方法还是比较现实的。

10－1－2　生命周期管理

所谓产品生命周期管理，指产品从诞生到报废的管理，是一个主要在营销领域中发展起来的观点。 产品生命周期大体上可分为引入期、成长期、成熟期和衰退期四个阶段。

生命周期各阶段的管理要点

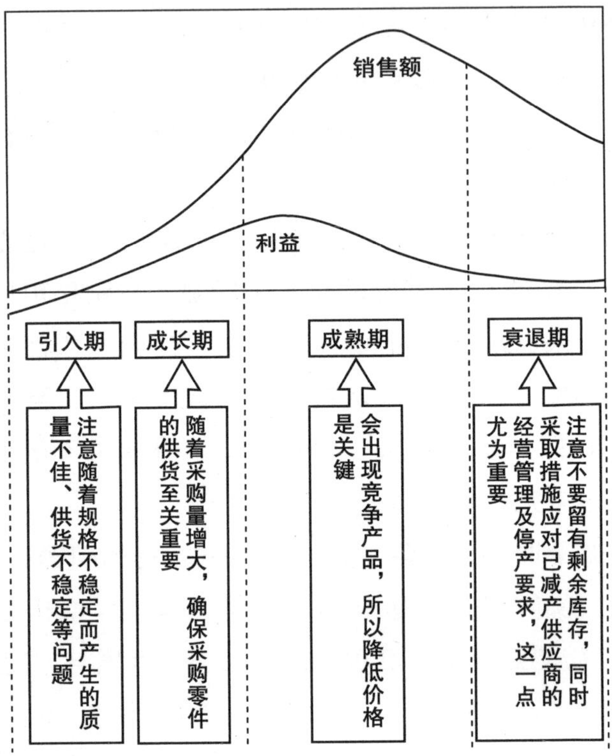

图 10－2

对于采购员来说，每个阶段管理要点都不一样，所以必须加以注意。本公司产品生命周期管理，各阶段要点如下：①在引入期，产品刚刚起步，所以必须注意随着规格不稳定而产生的质量不佳、供货不稳定等问题。②在成长期，随着采购量增大，确保采购零件的供货至关重要。③在成熟期，也会出现竞争产品，所以降低价格是关键。④在衰退期，注意不要留有剩余库存，同时采取措施应对已减产供应商的经营管理及停产要求。

另一方面，采购员也必须注意采购零件的生命周期管理。首先，新产品开发时，不采用接近衰退期 EOL（End of Life，终止生产）的产品。那种产品除了有可能供应商停止供货之外，还有可能供应商不再对接近 EOL 的产品投入开发资源，因而采购零件得不到改进。

其次，采购员接到供应商的停产通知后，与生产管理部门协商，研讨采用替代品，或者采取终身库存措施（按一直到自己公司产品停止供货的生产量订货，以库存的形式保有），这一点尤为重要。

但是，为了防止给采购员突然发来这种通知，有一种做法是在采购合同书上加入相关条款，即“供应商预定停产时，应至少提前一年以书面形式通知买方”。

10 –1 –3　采购风险管理

●何谓采购风险管理

所谓采购风险管理，是指规避、最小化与采购业务相关供货风险和价格风险的活动。近年，产生采购相关风险，对企业财务影响越来越大，因而越来越重要。

●采购有何风险

采购风险大体上可分为七种类型，如图 10 – 3 所

采购风险管理

●采购中的风险类型●

采购中的风险类型	风险原因范例
①供货风险	供应商倒闭
	需求量剧增
	供应商工厂中的设备损坏（含信息系统故障）
	供应商的原材料供货不足
	供应商工厂发生地震、水灾等自然灾害
②质量风险	供应商的材料或者产品不合格
	供应商的制造设备出现故障
	订货方设计失误
③价格风险	因原材料涨价导致价格上涨
	随着汇率波动价格上涨
④法律方面的风险	违反外包法
	违反垄断禁止法
	违反人才派遣业法
⑤信息泄露方面的风险	泄露供应商信息
⑥内部控制方面的风险	虚假验收
	与供应商勾结
⑦信誉方面的风险	供应商违反法律法规
	与反社会团体进行交易

●采购风险管理流程●

❶风险挖掘 〉❷风险分类 〉❸风险评估 〉❹制订应对措施 〉❺实施应对措施

图 10－3

示。 质量管理、供货管理、价格管理一直都是采购业务的支柱，该图在此基础上，又从近年受到重视的服从和CSR采购观点，增加了法律方面的风险、内部控制方面的风险、信息泄露方面的风险和信誉方面的风险。

●采购风险管理如何进行

采购风险管理流程，如图 10－3 所示。 ①在“风险挖掘”中，广泛挖掘发生风险的实例。②“风险分类”，分为按采购流程或者按购买品种。③“风险评估”，是指根据发生损害的大小、发生损害的概率，来评估风险的影响程度。④“制订应对措施”，是指制订具体的措施。⑤“实施应对措施”，是指根据应对方案实施具体措施。

●采购风险管理的课题

客观评估采购相关的风险，对于风险大的项目，进行重点规避，实施减轻风险的措施。对于风险小的项目，不需要采取措施。总之，根据风险程度实施管理是最理想的。但是，因为无法充分掌握“发生概率”和“损害大小”等相关的定量数据，所以一般都不把风险程度作为重点。因此，记录每一次所发生的风险，踏踏实实地积累定量数据尤为重要。积累数据可以提高将来预测风险的精度。

10－2　新的业态和采购服务

10－2－1　采购共享服务

使集团企业中的采购功能，集中于采购专业公司或者总公司的采购部门，并以提供采购服务的形式，就是采购共享服务。

以前，日本企业以分散采购为方针，一般总是说：

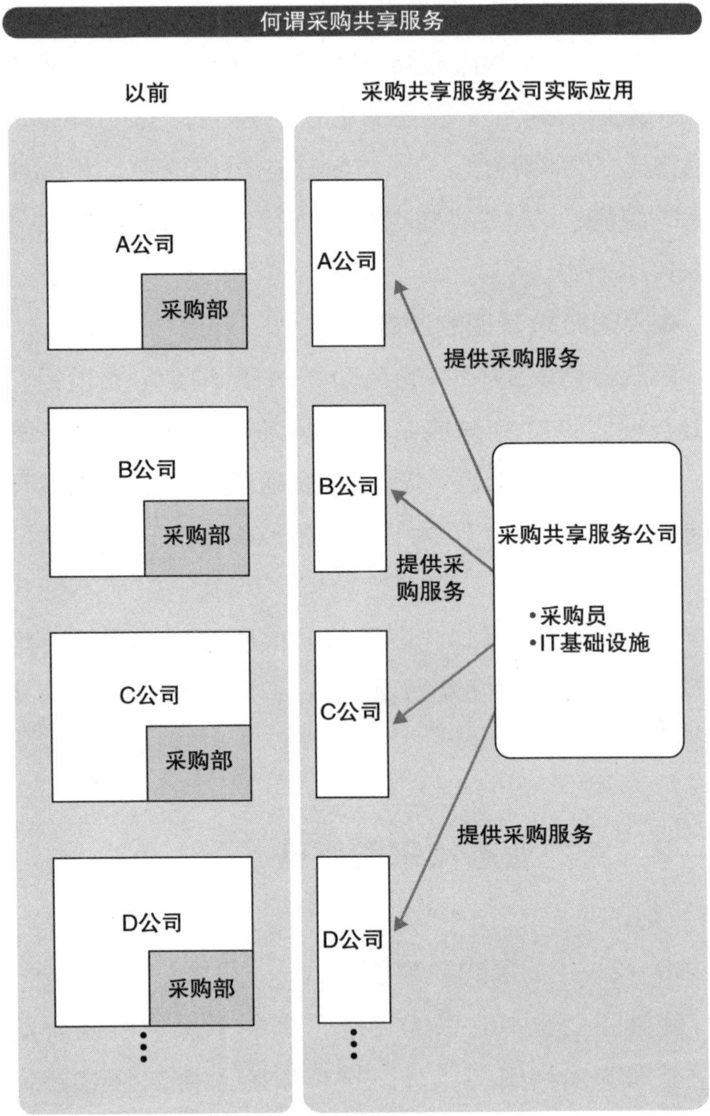
何谓采购共享服务
以前
A公司
采购部
B公司
采购部
C公司
采购部
D公司
采购部
采购共享服务公司实际应用
A公司
B公司
C公司
D公司
提供采购服务
提供采购服务
提供采购服务
提供采购服务
采购共享服务公司
•采购员
•IT基础设施

图 10－4

“需要时集中采购，但尽可能分散采购。”

但是，在近年共享服务化的背景下，出现了以下两个方面的变化：

第一，随着系统基础设施的进步，就算是远隔千山万水，也能及时提供采购服务。第二，随着经营环境日益恶化，迫于裁员、专业化的需要，便将采购业务集中到一处。

采购服务的运用形式因企业而异。有将全世界的采购功能集中到一处的企业，也有将一个国家的采购功能集中到一处的企业。此外，还有将直接材料、间接材料都做共享服务的企业，以及仅将共同采购的间接材料做共享服务的企业。

采购共享服务公司的形式，如图 10－4 所示。有的集团企业成立专门提供共享服务的公司。有的集团企业在总公司中设立提供共享服务的部门，并由该部门提供采购服务。

10－2－2　采购 BPO 服务

企业内部业务外包，称为 BPO（Business Process Outsourcing，商务流程外包）。有的将从会计输入传票工作到编制决算书都外包，还有的将人事工资计算和社会保险事务外包。这些也都是 BPO 的形式。

所谓采购 BPO，是指将全部或部分采购业务外包给

何谓采购BPO服务

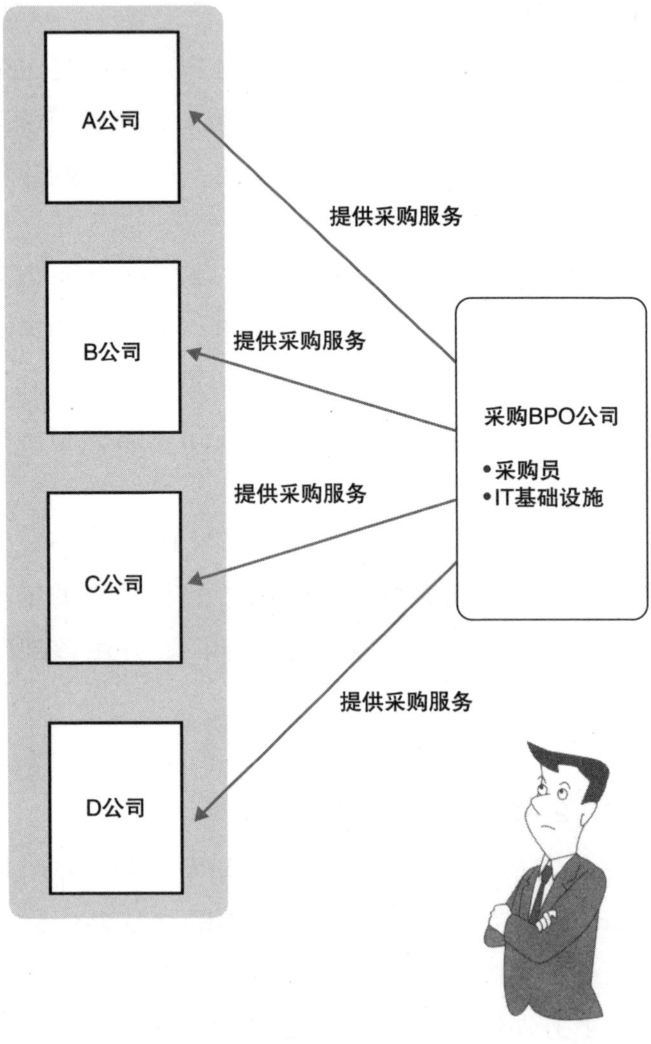

图 10－5

第三方。

现在，虽然有提供各种服务的采购 BPO 公司，诸如一次性逆向拍卖服务（见 5 - 1 - 5“逆向拍卖”，93 页）、限定品种寻找和评估供应商服务等，以及派遣有经验的采购员，但是日本似乎还没有成熟的、提供总括外包的采购 BPO 公司。

使用采购 BPO 公司有以下优点。

首先，采购方企业可以把精力集中到核心业务上。此外，即便采购方企业没有采购技巧，也可以委托 BPO 公司来完成交易，确保达到或超过预期 QCD。而且，还可以具备内部控制功能。

另一方面，关于采购 BPO 公司的责任范围，也有一些课题。外包商 BPO 公司违法后，需要明确责任范围，分清楚是订货方有责任，还是 BPO 公司有责任。而且，由于采购 BPO 公司的原因，导致交货逾期过长、出现重大质量问题后，需要议定责任问题。

参考文献

1）《价值导向型采购》/米歇尔· R. 利恩德斯（Michiel R. Leenders）、安娜·E. 弗林（Anna E. Flynn），欧文专业出版社，1994 年

2）《管理采购》/肯尼思·H. 基伦（Kenneth H. Killen）、约翰·W. 卡茂弗（John W. Kamauff），欧文专业出版社，1995 年

3）《以价值为中心的供应管理》/艾伦·R. 雷德斯（Alan R. Raedels），欧文专业出版社，1994 年

4）《为底线影响采购》/丽莎·M. 埃拉姆（Lisa M. Ellram）、劳拉·M. 碧柔（Laura M. Birou），欧文专业出版社，1995 年

5）《C. P. M. 学习指南　第七版》/全美供应管理

协会，2000 年

6）《战略外包》（《供应管理内部杂志》2004 年 6 月号）／托马斯 · H. 斯莱特（Thomas H. Slaight），全美供应管理协会，2004 年

7）《采购专员知识手册 1》／社团法人日本效率协会

8）《采购专员知识手册 2》／社团法人日本效率协会

9）《图解生产实务　BOM／物料清单入门》／佐藤知一、山崎诚，日本效率协会管理中心，2004 年

10）《图解　生产管理》／田中一成，日本实业出版社，1999 年

11）《能力构筑竞争》／藤本隆宏，中央公论新社

12）《交易基本合同书编写及审查实务》／滝川宜信，民事法研究会，2000 年

13）《文件　内部控制这样做》／酒井茂，同友馆，2006 年

图书在版编目（CIP）数据

精益制造 .10，采购管理 /（日）鬼泽正一 著；郑振勇译. —北京：东方出版社，2012. 9
ISBN 978-7-5060-5277-1

Ⅰ. ①精… Ⅱ. ①鬼… ②郑… Ⅲ. ①制造工业—工业企业管理—采购管理
Ⅳ. ①F407. 406

中国版本图书馆 CIP 数据核字（2012）第 192348 号

精益制造 010：采购管理
（JINGYI ZHIZAO 010：CAIGOU GUANLI）

作　　者：［日］鬼泽正一
译　　者：郑振勇
责任编辑：申　浩　高琛倩
出　　版：东方出版社
发　　行：人民东方出版传媒有限公司
地　　址：北京市东城区朝阳门内大街 166 号
邮　　编：100010
印　　刷：北京文昌阁彩色印刷有限责任公司
版　　次：2012 年 10 月第 1 版
印　　次：2022 年 12 月第 9 次印刷
开　　本：880 毫米×1230 毫米　1/32
印　　张：6. 375
字　　数：110 千字
书　　号：ISBN 978-7-5060-5277-1
定　　价：58.00 元
发行电话：（010）85924663　85924644　85924641

畠山芳雄“管理的基本”全系列

定价：32.00 元

定价：30.00 元

定价：24.00 元

定价：24.00 元

定价：21.00 元

定价：20.00 元

定价：26.00 元

定价：19.00 元

定价：26.00 元

定价：29.00 元

定价：20.00 元

定价：20.00 元

定价：19.00 元